KB046893

Up 업

대화가 인생을 시킨다

김인해 지음

글과길

추천사

삶의 많은 것들이 AI로 대체되고 있는 요즘, 아무리 기술이 발달했더라도 대체할 수 없는 것은 사람이다. 서로를 연결해주는 SNS, 카카오톡과 같은 각종 커뮤니케이션이 발전해도 사람과 사람간의 기본적인 관계를 유지하게 하는 도구인 대화는 매우 중요하다.

기술이 발전할수록 대화의 중요성은 더욱 커지는 것 같다. 바쁘다는 핑계로 대화 자체가 부족해지는 것도 있지만, 말만 오가고 부정적인 영향을 주는 대화가 많다는 것을 실감하고 있기 때문이다.

마음과 감성을 더하고 서로를 배려하는 대화가 더욱 그리운 시점에 이 책의 발간은 반가운 소식이다. 나를 돋보이게 하는 대화, 행복한 가정을 일구는 대화, 그리고 그리스도인으로서 하나님과 가까워지는 소통법을 매뉴얼처럼 상세하게 소개하는 이 책을 따라가다 보면 어느새 타인을 배려하고 사람들에게 선한 영향력을 발휘하는 자신을 발견할 것이다. 지혜로워지고 즐거운 대화를 이끌어 결국 자신은 물론 타인의 인생까지 업시키는 방법을 터득하게 된다.

직무상 다양한 분야의 사람들을 많이 만나게 되는 저도 이 책을 보며 고개를 끄덕이고 많은 것을 깨달았다. 단순히 알게 된 것에 그치지 않고 바로 실천할 수 있도록 쉽게 설명하는 저자의 화법에 집중하게 된다. 많은 사람들을 만나고 관리해야하는 목회자와 관리자뿐만 아니라 행복한 관계를 만들고 싶은 모든 분들께 선한영향력을 주는 『대화가 인생을 업(Up)시킨다』는 이 책을 추천한다.

배성찬 | 한일장신대학교 총장

멋있는 사람은 하는 말도 곱다고 한다.

'할 수 있습니다.' 라고 하는 긍정적인 사람, '제가 하겠습니다.' 라고 하는 능동적인 사람, '무엇이든지 도와 드리겠습니다.' 라고 하는 적극적인 사람, '기꺼이 해 드리겠습니다.' 라고 하는 헌신적인 사람, '잘못된 것은 바로 고치겠습니다.' 라고 하는 겸허한 사람, '참 좋은 말씀입니다.' 라고 하는 수용적인 사람, '이렇게 하면 어떻겠습니까?' 라고 하는 협조적인 사람, '대단히 감사합니다.' 라고 하는 감사할 줄 아는 사람, '도울 일 없습니까?' 라고 하는 물을 수 있는 여유 있는 사람, '이 순간 할 일이 무엇일까?' 라며 일을 찾아 할줄 아는 사람 등 이런 사람은 참 멋있다.

우리는 사람들의 마음을 풍성함으로 채울 수 있는 멋있는 말을 해야 한다. 이런 사람은 누구나 이런 사람이 될 수 있다.

우리 주위의 일상의 모습들을 바라보면 다른 사람들에게는 인간적인 도리를 지키면서, 배우자 특히 가까운 사람에게는 이를 소홀히 하는 위선적인 잘못된 모습들을 보게 된다.

진정한 행복은 겉으로 드러나는 모습이 아닌, 서로를 존중하고 사랑하는 것은 대화에서 비롯된다. 갈등을 해소 하고 신뢰와 포용을 이루어 가는 길도 대화이다. 존경과 사랑을 유지하고 행복한 가정을 이루는 기초가 되는 것도 대화이다.

목회사역의 여염이 없는 가운데 『대화가 인생을 업(Up)시킨다』라는 제목으로 책을 출간하신 김인해 목사님이 존경스럽다.

더 나은 소통과 인간관계의 가까움을 위해 휴대폰을 개인별로 소유하고 있는 시대이지만 안타깝게도 대화와 소통은 더욱 단절되어 집안에서 같은 공간에서조차 문자나 카톡으로 의사를 표현한다.

대화는 소통이다. 일방적으로 말하기가 아니라 들어주기이다. 말재주를 이기는 게 말의 센스이다. 꼭 필요한 말을 꼭 필요한 만큼

하는 것, 발언 욕구를 내려놓고 들어주는 것, 재촉하기보단 기다려주는 것, 논쟁보다는 공감하는 것이 진정한 말 센스이다.

그리스도인은 말을 잘 하는데 그치지 않고, 대화를 잘하는 목사님, 장로님, 성도님들이 되기를 바라는 마음으로 이 귀한 책을 추천할 수 있어서 영광이다.

위홍수 목사 | 한우리교회 위임 목사, 현재 목포노회장(통합)

모든 동물은 서로의 의사를 주고받는 대화를 한다. 우리 인간도 사회적 동물로서 대화를 하는데 상대에게 용기를 주고 웃음꽃 피는 행복한 대화 있는가 하면 상대를 무시하고 기분 나쁘게 하여 서로 싸우고 속상한 대화도 있다. 그만큼 대화는 기술이요. 처세술이기도 하다.

이번에 출간하는 『대화가 인생을 업(Up)시킨다』는 책은 저자가 일생을 살아오면서 본인이 직접 겪고 느껴온 많은 경험을 바탕으로 수록한 책으로서 수많은 독자들에게 큰 감동과 인생 지침서가 되리라 기대가 된다. 대화의 성공은 곧 인맥을 쌓게 되는 소중한 자산이 되는 것인데 저자가 이룩해낸 실제적인 것이다.

서점에서 책을 읽으면 책이 살아서 숨 쉬고 있는 책이 있는가 하면 반면 책이 죽어 있는 책도 있다. 그만큼 책속에는 저자의 혼이

담기게 되는데, 이번에 출간한 대화법의 저자는 영성과 지성 그리고 인격까지 훌륭하여 성공적인 대화를 희망한다면 누구든지 이 책을 읽어야 한다.

저자는 큰일을 이루고자 하는 마인드가 이 책 출간으로 한국교계의 여성 거장으로서 한 페이지를 쓰게 되리라 확신한다.

저는 오랫동안 저자를 지켜보고 가까이 지내왔다. 저자는 정말 따뜻하고 편안한 분으로서 이 시대에 귀감이 되는 모델적 삶을 살아온 한 가정의 현모양처요. 유능한 부흥사요. 개척하여 성공한 목사다.

이 시대에 필요한 지도자로 그의 앞길이 환희 펼쳐지기를 기대하면서 추천사를 쓰게 되어 큰 보람을 느낀다.

김준영 목사 | 대중교회 위임목사, 호신총동문회장, 총회부흥전도단장, 총회전도부흥위원장

대화가 중요하다. 사람들은 중요한 대화를 어떻게 할 것인가를 잘 아는 것 같지만 모른다. 이 책은 그런 고민에 답을 준다.

이 책을 읽으면 대화가 한 단계 업그레이드된다. 결국 대화를 통해 인생이 업(Up) 된다. 자신, 부부, 가정, 신앙생활이 대화를 통해 업(Up) 된다.

업(Up)되는 대화의 출발은 소통과 경청이다. 이 책은 소통과 경

청의 단계별로 다뤄 제대로 된 경청과 소통하는 방법을 제시한다.

사람들은 대화를 할 때도 대화를 하지 않고 말을 한다. 대부분 자기가 하고 싶은 말을 한다. 대화는 내가 하고 싶은 말을 하는 것이 아니라 상대방의 말을 경청한 뒤 하는 것이다.

우리의 대화가 지금보다 한 단계 업(Up)되면 대화로 행복한 삶을 산다. 그 뿐 아니라 가정이 평화로워진다. 부부가 최고의 영원한 동반자가 된다. 신앙생활을 통해 하나님과 친밀한 관계로 발전한다.

대화를 잘 하고 싶은 분, 대화를 통해 행복한 부부 생활하고 싶은 분, 대화로 가정을 평화롭게 가꾸고 싶은 분에게 이 책을 적극 추천한다.

김도인 목사 | 아트설교연구원 대표

프롤로그

대화란 공통의 이해를 찾아가는 과정이다

대화한다는 것은 '말하기가 아니라 커뮤니케이션(communication) 하기'다. 어떤 사람은 대화를 하지 않고 말을 한다. 자기가 하고 싶은 말만을 늘어놓는다. 이런 사람은 상대방을 단지 로봇으로 여기기에 자기 말만 주야장천(晝夜長川) 한다.

커뮤니케이션의 사전적 정의는 '사람들끼리 서로의 생각과 느낌 따위의 정보를 주고받는 일. 말이나 글, 그 밖의 소리, 표정, 몸짓 따위로 이루어진다'이다. 데이비드 봄은 『대화란 무엇인가』에서 커뮤니케이션을 다음과 같이 정의한다.

대화가 인생을 업(Up)시킨다

"커뮤니케이션이라는 단어의 의미를 살펴보는 것으로 이런 질문의 논의를 시작해 보자. 커뮤니케이션은 '공통의', '공유의' 등을 뜻하는 라틴어 단어 'commun'에 접미사 'ie'를 붙인 형태다. 접미사 'ie'는 'fie'와 유사한데 '만들다 혹은 하다'라는 의미를 갖고 있다. 그러므로 커뮤니케이션의 동사 형태인 '전달하다'(to communicate)의 한 가지 의미는 '뭔가를 공통된 것으로 만든다(to make something common)'이다."

커뮤니케이션을 할 때는 대화가 이루어진다. 대화는 영어로 '다이얼로그'(dialogue)이다. 다이얼로그는 둘 이상의 사람 사이에서의 대화를 말하며 공연에서 주로 쓰이는 기법이다. 국어사전에서는 다이얼로그를 '연극이나 영화에서, 인물들 사이에 이루어지는 대화'라고 정의한다.

부산대학교 교육학과 박수홍 교수는 『대화란 무엇인가』의 추천사에서 '다이얼로그'를 다음과 같이 정의한다.

"'dia'(관통)+'logue'(의미), 즉 상호 간에 의미가 관통되어 공감이 일어나는 과정의 형성이다."

즉, 커뮤니케이션이란 '정보나 지식을 한 사람에게서 다른 사람에게로 가능한 정확한 방식으로 전달하는 것'이다. 그러므로 대화는 커뮤니케이션과 다이얼로그를 합친 의미로 해석해야 한다. 대화를 하면 감정 교류가 일어난다. 그 감정 교류는 한 사람에게 머물지 않고 다른 사람에게까지 정확하게 전달된다. 결국 대화란, 감정 없이 오고 가는 말이 아니라 감정이 담겨 공감까지 이루어지는 것이다.

일방적으로 속사포처럼 쏘아붙이는 말은 대화가 아니다. 훈계이거나 지적, 넋두리일 수 있다. 대화한다고 하면서 일방적으로 자기 말만 하는 것은 대화가 아니다. 대화는 커뮤니케이션이 전제되어야 하기 때문이다. 또한 진정한 대화를 하면 공감이 일어난다. 그러니까 대화란, 공감이 일어나는 어느 지점이라고 할 수 있다.

일상적인 정치에서 오가는 말은 대화라고 명명하기 어렵다. 적대적으로 상대를 공격하는 말로 점철되어 있기 때문이다. 대화는 감정적 대립을 전제로 하기에 대화할 땐 반드시 다이얼로그가 합쳐져야 한다. 박수홍 교수는 "다이얼로그라는 새로운 의사소통 능력이야말로 이상적인 조직과 사회를 만들어 가는 핵심 매개체"라고 말한다. 그러므로 21세기의 대화는 커뮤니케이션과 다이얼로그가 동시에 이루어져야 한다.

우리가 속한 공동체인 교회 안에서도 무수한 대화가 이루어진다. 교회에는 독특한 대화 형태가 보태진다. 바로 '설교'이다. 설교는 설교자와 교인 간의 쌍방소통을 하는 시간이다. 교회에서 대화가 발생했다는 것은 소통을 통한 공감이 이루어졌다는 것을 의미한다. 만약, 설교에서 공감이 이루어지지 않는다면 대화가 일어났다고 할 수 없다.

대화가 인생을 업(Up)시킨다

대화에서 공감이 형성됐다면, 대화 당사자 간의 공통 이해를 찾았다는 것을 뜻한다. 그러면 '대화란 무엇인가'라는 질문에 대한 답은 '상대를 설득하는 것이 아니라 공통의 이해를 찾아내는 행위이다'라고 할 수 있다.

대화는 목적이 선명해야 한다

대화가 공통 이해 찾기라면, 그 목적이 선명해야 한다. 데이비드 봄은 "대화는 일상의 인간관계와 커뮤니케이션의 속성을 탐구하고 이해하는 것은 물론, 의식(consciousness) 자체를 이해하는 것을 목적으로 해야 한다"라고 대화의 목적을 선명하게 설명한다.

대화가 선명하면 편견이나 상대에게 영향을 주려는 의도를 배제하고 타인의 말에 자발적으로 귀를 기울이게 된다. 내가 하고 싶은 말보다 상대가 하려는 말에 더 큰 관심을 갖게 된다. 또한, 대화가 선명하면 진실과 일관성을 견지한다. 필요하다면 자신이 가지고 있었던 기존 생각과 의도를 버리고 다른 것을 택할 준비가 되어 있다. 그러므로 목적이 선명한 대화의 특징은 다음과 같다.

첫째, 대화를 하면 더 깊은 관계로 발전해야 한다.
둘째, 대화로 가슴이 뛰어야 한다.

셋째, 사람을 살리는 대화여야 한다.

많은 경우, 선명한 대화가 아니라 흥미를 잃는 대화를 하곤 한다. 흥미를 잃는 대화가 되면 대화를 한 그 자체가 후회스럽다. 때론 짜증으로 연결되기도 한다. 우리는 대화할 때 대화의 목적을 선명하게 정해야 한다. 자기주장 펼치기가 아니라 공통 이해 찾기가 목적이 되어야 한다.

선명한 대화를 하려면 먼저 대화가 무엇인지 알아야 한다. 데이비드 봄은 대화 곧 'dialogue'의 어원을 살펴, 대화가 무엇인지를 설명한다.

대화라는 영어 단어 'dialogue'는 그리스어 'dialogos'에서 유래했다. 'logos'는 '말'(word)을 뜻하는데, 여기서는 '말의 의미'라고 생각할 수 있다. 'dia'는 영어로 'though', 즉 '통과하여', '사이로' 등의 뜻이다. 특히 'dia'가 '둘'을 의미하지 않는다는 사실을 명심해야 한다.

대화는 반드시 두 사람 사이에만 일어나는 것이 아니다. 참가자가 몇 명이든 대화는 가능하다. 대화의 정신이 존재한다면, 혼자서도 대화는 가능하다. 어원을 통해서 보면 우리 내부와 사람들 사이를 통과하여 흐르는 '의미의 흐름'(stream of meaning)이 머릿속에 그려진다. 즉, 대화를 통해 의미가 생성되어야 한다. 그러니까 의미

대화가 인생을 업(Up)시킨다

가 없다면 대화했다고 할 수 없다. 우리의 '대화'는 의미의 흐름을 가능하게 해주며, 이를 통해서 새로운 이해가 출현할 가능성도 있다. 설령, 대화 시작 단계에서는 존재하지 않았던 완전히 새로운 어떤 것, 창조적인 어떤 것이 일어난다. 대화한 사람들 사이에 공유된 의미는 사람과 사회를 하나로 묶어주는 '접착제' 혹은 '시멘트' 역할을 한다.

대화하면 할수록 문제가 야기되지 않는다. 문제를 해결하고 문제를 봉합하며 더 나은 해결책을 찾게 된다. 우리가 대화하는 목적은 의미 있는 관계로의 발전에 있다. 대화할 때마다 의미 있는 상황이 만들어진다면 대화는 가슴을 뛰게 한다. 대화는 그렇게 사람을 살리고 사람을 치유하며 공동체를 아름답게 만든다.

언어가 그 사람의 품격이다

대화는 언어를 사용해서 한다. 사용하는 언어를 들으면 그 사람의 품격을 짐작할 수 있다. 언어가 그 사람의 품격이라면, 우리는 입에서 나오는 대로 대화할 것이 아니라 의도적으로 디자인한 언어를 써야 한다.

'언어가 그 사람의 품격'이라는 말은 '언어가 그 사람'이라는 뜻이다. '인격이 곧 그 사람이다'라고 하는 이유가 여기에 있다. 다시 말해, '화자가 사용하는 언어가 곧 그 사람'이다.

대화에서 사용하는 언어가 그 사람이라면, 품격 있는 대화를 하려고 해야 한다. 유영만과 박영후는 『언어를 디자인하라』에서 "언어의 품격이 어제와 다르게 업그레이드될 때 사람의 품격 역시 다른 모습이 된다"라며 "언어의 품격을 어제와 다르게 업그레이드하라"고 조언한다. 언어의 품격을 업그레이드하면, 그 사람의 품격도 달라진다. 이전과 다른 사람이 된다.

품격을 지녔다는 것은, 그 사람이 언어의 품격을 지녔다는 말과 동의어이다. 이서정은 『이기는 대화』에서 이렇게 말한다. "당신은 말의 주인이고 당신의 말은 당신의 품격이다." 우리가 말의 주인이고, 말이 곧 품격이라면 스스로 하는 말을 제어해야 한다. 품격 있는 사람은 말을 제어한다. 품격 없는 사람은 말을 제어하지 못한다. 언어가 그 사람의 품격이므로 우리는 품격 있게 말하는 자세와 자격을 갖춰야 한다. 그렇다면, 품격 있는 언어란 어떤 무엇인가?

류재언은 『대화의 밀도』에서 한 카페의 팻말을 예로 든다.

사계리는요
노키즈존은 아니지만
키즈카페도 아니랍니다. :D

이것은 제주도 서귀포에 있는 한 '불란서식 과자점' 팻말에 써 있는 문구이다. 반면, 품격 없는 카페는 다르게 표현한다. 류재언은 자신이 그동안 겪은 수많은 카페 입구에는, 이런 식의 안내 문구가 적혀 있었다고 한다.

노키즈존
8세 미만 어린이 출입 금지
유아 및 아동 동반 입장 제한
5인 이상 단체 손님 출입을 금합니다.

이런 팻말에서는 '불란서식 과자점' 카페 주인장과 같은 품격을 느낄 수 없다. 류재언은 품격이 모자란 팻말에는 '금지'와 '안 된다'라는 말을 일상적으로 쓴단다. 이런 문구를 대할 때마다 그들의 대화법에 매번 기분이 상하고, 가끔은 우리를 저격하는 듯한 느낌을 받는다고 한다.

언어가 화자의 품격이라면, 언어 구사를 품격 있게 해야 한다. 언어는 한 사람의 품격이다. 언어는 사회의 품격이다. 언어는 한 나라의 품격이다.

하나님의 자녀인 우리는 하나님 나라 백성다운 품격의 언어를 사용해야 한다. 세상은 우리가 구사하는 언어를 통해 교회가 어떤

가를 안다. 하나님이 어떤 분인가를 안다. 하나님 나라가 어떤 나라인가를 직관적으로 안다.

예수님의 언어는 품격이 높았다. 우리도 품격 높은 언어를 사용해야 한다. 로마는 높은 언어 품격을 지녔기에 상상할 수 없는 큰 영향을 미쳤다고 한다. 선진국은 언어 품격이 높다. 한국 사회가 선진국에 진입할 수 있었던 이유 중 하나가 바로 높은 언어 품격이다. 교회는 사회보다 높은 언어 품격을 지녀야 한다.

이 책의 구성은 아래와 같다

이 책은 5장으로 구성되어 있다.

1장은 '대화가 행복한 가정을 만든다'이다. 2장은 '경청이 대화의 시작이다'이다. 3장은 '대화가 나를 업(UP)시킨다'이다. 4장은 '대화가 부부 관계를 업(UP)시킨다'이다. 5장은 '하나님과 대화를 즐긴다'이다.

이 책은 가정에서의 대화가 어떠해야 하는가를 말하며 이 시대의 복음이 무엇인지 한마디로 정의한다. 가정의 문제는 대화의 문제이다. 부부의 문제는 대화의 문제이다. 자녀의 문제도 대화의 문제이다. 신앙의 문제도 대화의 결핍이라는 고민에서 시작한 것이다.

본서는 대화를 말하기가 아니라 경청으로 정의한다. 이로써 경청, 이해, 공감 등을 주요 주제로 다루며 대화를 통한 수준 높은 삶, 행복한 가정, 하나님을 만나는 신앙생활을 들여다보았다.

목차

Chapter 1

대 화 가
행 복 한
가 정 을
만 든 다

↑
Up 대화가
인생을
시킨다

대화할수록
가정이 깨진다

1

소통의 0단계에서 탈출하라

소통이 어려운 시대다. 이런 시대를 반영하듯 〈개그콘서트〉의 한 코너에서는 소통의 중요성을 보여줬다. 바로 '소통왕 말자 할매'다. 말자 할매는 청중의 질문에 속 시원하게 답을 준다. 그러나 우리의 현실은 어떠한가? 가정에서의 소통부터가 문제다.

소통의 시작점은 가정이다. 그 가정이 어떠한가는 대화의 유무와 질 등으로 짐작할 수 있다. 가정은 대화로 구성된다. 대화 없는 가정은 없다. 문제는 소통의 유무이다. 이에 따라 행복한 가정과 불행한 가정으로 나뉜다.

대화하면 할수록 균열이 가는 가정이 되기도 한다. 좋은 가정을 세우기 위해서 대화하는데, 대화할수록 가정이 깨진다. 가정이 깨지는 이유는 소통의 단계가 제로 즉, '0단계'이기 때문이다. 대화는 소통을 전제로 한다. 대화가 불통이면 가정을 어둡고 침울하게 만든다. 반대로 소통이 되면 행복한 가정이 된다. 깨진 가정은 소통 단계가 거의 제로이다. 어떻게 대화하길래 소통이 제로 상태가 되는 걸까?

가족 구성원으로부터 뭔가를 얻기 위한 대화가 주목적이기 때문이다. 가족 구성원은 서로에게 무엇을 얻고자 할수록 멀어진다. 얻으려고 하기보다는 주려고 할 때 가족 구성원의 관계는 친밀해진다. 우리는 무엇을 얻으려 하기보다는 주고자 해야 한다. C.S 루이스는 자신의 회심 과정을 기록한 『예기치 못한 기쁨』에서 이렇게 말한다.

"기쁨이란 우리가 행복하다고 의식적으로 생각하지 않은 장소에서 우리가 전혀 눈치채지 못하게 우리를 사로잡는 것이어야 한다."

그는 이 말로 무엇을 얻고자 하면 얻지 못한다는 사실을 알려준다. 가정을 세우고자 한다면 이 말에 귀 기울여야 한다. 곧 가정에서는 얻기 위한 대화가 아니라 주기 위한 대화를 해야 한다. 이를 위해서 하나님께 대화를 배워야 한다.

하나님은 우리와 대화하실 때, 무엇을 얻고자 하지 않으신다. 오직 우리의 마음과 처한 상태를 알고 도와주고자 하신다. 모든 상황을 파악한 후 우리에게 필요한 것을 채우신다. 하나님은 세상 최고의 선물인 영원한 생명을 선물로 주기 위해 우리와 대화하신다.

가정에서의 대화도 이와 같아야 한다. 하나님처럼 가족 구성원에게 좋은 것을 주기 위해 대화해야 한다. 만약 가족 구성원으로부터 무언가를 얻고자 하는 대화를 한다면 '소통 0단계'가 된다. 즉, 가정이 깨진다. 반대로 가족 구성원에게 좋은 것을 주고자 대화하면 가정 천국이 만들어진다.

가정은 '소통 0단계'에 머물면 안 된다. 행복한 가정이었을지라도 '소통 0단계'에 머물면 얼마 지나지 않아 불행한 가정으로 바뀐다. 소통 0단계인 가정에서는 '내 방식'의 대화를 한다. 그러나 가정을 세우는 가족 구성원은 '내 방식'이 아니라 '상대가 원하는 방식'으로 대화한다.

'상대가 원하는 방식'의 대화에는 예쁜 말로 하는 배려가 담겨 있다. 김범준은 『예쁘게 말하는 네가 좋다』에서 "좋은 관계는 예쁜 말에서 나온다"라고 한다. 『대학』에서도 "다른 사람이 싫어하는 것을 좋아하고 다른 사람이 좋아하는 것을 싫어하는 것이야말로 사람의 본성을 거스르는 일이니, 그리하면 반드시 재앙이 자신에게 이르게 될 것이다"라고 전한다.

다른 사람이 싫어하는 대화를 하면 자신에게 재앙이 이른다. 대화에는 가족 구성원이 좋아하는 말이 많아야 한다. 회복할 수 없는 말은 하지 않으려고 노력해야 한다.

벤자민 프랭클린은 '발 실수'와 '말실수'를 언급하면서 "'발 실수'는 회복할 수 있을지 모른다. 하지만 '말실수'는 회복하기 어렵다"라고 했다.

가정 안에서는 최소한 회복하기 어려운 말실수는 하지 말아야 한다. 즉, 가정을 깨뜨리는 소통 0단계에 머무르면 안 된다. 소통 0단계에는 지적질이 많다는 특징이 있다. 서로를 향한 지적질에서 최대한 빨리 탈출해야 한다. 지적질 대신 칭찬하는 대화로 소통의 단계를 업그레이드해야 한다.

대화법으로 대화하지 않으면 가정 지옥이 된다

소통 0단계에 머무는 첫 번째 이유는 빈번한 '지적질' 때문이다. 두 번째는 대화법을 무시하고 대화하기에 그렇다. 가정에서의 대화는 대화 원칙을 따르는 것이 좋다. 그래야 제대로 된 대화를 할 수 있다.

수학을 잘하려면 공식을 알아야 한다. 대화도 대화법에 따라 해야 한다. 대화법을 따르지 않으면 소통의 0단계 대화에 머물러 지옥과 다를 바 없는 가정이 된다. 그렇다면 가정에서는 어떻게 대화해야 할까?

'대화의 태도'가 좋아야 한다. 부부간의 대화, 부모와 자녀 간의 대화, 형제간의 대화에서 중요한 것은 태도이다. 대화의 태도가 어떤 가정인가를 결정짓는다. 가정 천국을 만들려면 부부의 대화, 부모와 자녀와의 대화에서 다음 두 가지 태도를 갖춰야 한다.

첫째로, 부부의 일관성 있는 대화 태도이다. 둘째로, 부모와 자녀와의 대화에서 부모는 자녀를 자주 격려하고 칭찬해 주어야 한다. 윤세민은 『열린 소통 성공 대화』에서 부모와 자녀와의 대화법에서 야기되는 문제를 인지하고, 이들 사이의 갈등 해결 지침 여섯 가지를 아래와 같이 제시한다.

① 인격적인 대우를 통해 자녀가 자주적으로 성장할 수 있도록 도와야 한다.
② 자녀에게 먼저 다가가고, 대화를 원할 때는 진지하게 귀를 기울여야 한다.
③ 어떤 주제에서도 의논 상대가 될 수 있는 부모가 되도록 노력해야 한다.
④ 자녀의 행동이 마음에 들지 않더라도 감정과 입장을 이해하고자 노력해야 한다.
⑤ 자녀가 선택한 생각과 활동을 이해하고 격려하며 자신감을 갖도록 도와주어야 한다.

⑥ 미래의 가정과 사회의 주인공이 될 자녀의 자존감과 역할을 존중해 주어야 한다.

부모와 자녀 간의 갈등 해결 지침은 갈등이 시작된 다음의 해결책이다. 이에 갈등이 발생하기 전에 대화법을 통해 소통해야 한다. 가정의 문제는 부부간의 문제보다는 부모와 자녀 사이의 문제가 더 심각하다. 겉도는 아이의 경우, 부모와 대화하면 할수록 갈등만 깊어진다.

윤세민은 『열린 소통 성공 대화』에서 다음과 같이 '소통을 잘하기 위한 10가지 대화 법칙'을 제시한다.

① 먼저 우리 삶에 꼭 필요한 소통의 의미와 중요성을 제대로 이해하고 깨우쳐야 한다.

② 나보다는 먼저 상대방을 배려하고 앞장세워야 한다.

③ 만나기 전에 철저히 준비해야 한다. 즉, 상대방을 이해하고 공부해야 한다.

④ 말보다는 마음부터 열되, 상대보다 나부터 열어야 한다.

⑤ 말하기보다는 듣기를 먼저하고, 적게 말하고 많이 들어야 한다.

⑥ 부정이 아닌 긍정의 말을 해야 한다. 즉, 험담이 아닌 칭찬을 많이 해야 한다.

⑦ 상대방이 이해하기 쉽게, 또 친절히 말하고 표현해야 한다.

⑧ 상대방의 생각, 느낌, 의견, 사고를 이해하는 데 최선을 다해야 한다.

⑨ 말보다 눈빛, 표정, 몸짓이 중요하다. 그것을 거짓 없이 진심으로 표현해야
한다.

⑩ 상대방의 만남과 소통의 의미를 깨우치고 감사하고 사랑해야 한다.

대화법을 알아야 하는 까닭은 소통을 잘하기 위함이다. 대화법
을 알고 가정에서 대화가 이루어지면 지적질이 아니라 사랑, 칭찬,
그리고 격려가 주를 이루는 대화가 가능해진다.

윤세민이 제시한 '소통을 잘하기 위한 10가지 대화 법칙'으로 대
화하지 않으면 가정이 깨지기 쉽다. 행복해야 할 가정이 불행한 곳
이 된다. 천국이어야 할 가정이 지옥이 된다. 지옥과 같은 가정의 부
부는 대화만 하면 싸운다. 그러면 자녀는 부모와의 대화를 일절 거
절하게 된다. 이후부터 가정에서는 찬바람만 쌩쌩 분다. 가족 구성
원은 식구가 아니라 원수가 된다. 가정 지옥은 따로 있지 않다. 가정
에서 밥 먹는 예절만 중요하지 않다. 대화법으로 대화하는 것이 더
중요하다.

지적질은 가정을 깨뜨리는 대화법이다

가정에서의 대화법을 알았으니, 대화가 잘될 것 같다. 하지만 꼭 그
렇지는 않다. 지적질이 사라지지 않았기에 그렇다. 소통의 0단계인

가정에는 칭찬 대신 지적질이 많다. 흥미로운 것은 가정에 대한 애정이 있기에 지적한다는 주장이다. 지적을 당하는 사람을 잘되게 하기 위해서 지적한다고 말한다. 그러나 가정에서 지적질 대화는 금지다. 지적질 대화가 시작되면 가정은 마음의 안식처가 아니라 불편한 마음만 채워지는 공간이 된다.

김호연은 『불편한 편의점』에서 '불편은 제거의 대상'이라고 썼다. "사람들에게 불편함은 곧 제거의 대상이다. 사람들은 불편한 것이 보이면 재빨리 치워버리거나 불편함을 편리함으로 바꾸려고 한다"라고 말이다. 이처럼 '불편한' 대화도 제거의 대상이다. 지적질 대화도 제거의 대상이다. 지적질 대화는 소통의 0단계에서 탈피하지 못하게 한다. 보통 가정의 대화에는 칭찬보다 지적질이 많다고 한다. 지적질이 무려 80퍼센트를 넘는다고 한다.

지적질을 해도 가정을 지키는 지적질을 해야 한다. 가정을 깨뜨리지 않는 지적질은 문제의 원인이 된 하나의 사건만 지적한다. 그러나 우리는 하나의 문제, 즉 실수한 것에 대해서만 지적하지 않는다. 예전의 문제 원인과 잘못까지 끄집어내서 지적한다. 심지어는 몇십 년 전 사건도 과감하게 끄집어낸다. 가정을 깨뜨리지 않으려면 이전의 문제들은 영원히 묻어 두어야 한다. 이를 위해서는 더 많은 이해와 용서가 필요하다. 그러면 어떻게 지적질 가정에서 탈피할 수 있을까?

대화가 인생을 업(Up)시킨다

먼저, 소크라테스로부터 대화법을 배워야 한다. 소크라테스는 결코 상대의 잘못을 지적하지 않았다. 소위 '소크라테스식 문답법'에서 그가 추구했던 것은 상대로부터 '그럼'이라는 대답을 계속 끌어내는 것이었다. 먼저 상대가 '그럼'이라고 말하지 않을 수 없는 질문을 한다. 다음 질문에서도 '그럼'이라고 말하게 하고, 그다음에도 계속해서 '그럼'이라고 거듭 말하게 한다. 그러면 상대가 눈치챘을 때는 이미 애초에 부정하던 문제에 대해서도 어느 틈엔가 자신도 모르게 '그럼'이라고 대답해 버린 뒤가 된다.

다음으로, TPC 기법을 사용해 대화해야 한다. 정연주는 『말을 잘한다는 것』에서 공적 말하기의 TPC를 이렇게 설명한다.

목소리의 적절한 톤(Tone)

적절한 자세(Pose)

최적의 내용 선택(Choice)

그녀는 옷을 입을 때도 시간(Time), 장소(Place), 상황(Occasion)인 TPO를 고려하듯, 말할 때는 TPC를 고려하라고 말한다. TPC에서 'T'는 청각을 사로잡는 톤이다. 'P'는 시선을 사로잡는 자세이다. 'C'는 내용을 사로잡는 최고의 선택이다. 그녀는 대화의 기본기를 내용의 기본과 형식으로 나눈다. 내용의 기본은 '명확성, 정확성,

구체성' 등이고, 형식의 기본은 '집중력, 전달력, 민감성' 등이다.

　가정을 깨뜨리는 대화를 하는 가정에서는 지적질 대화만 하는 것이 아니다. '잘못했다'는 말도 금지어가 되어 있다. '잘못했다'는 말이 금지어가 되어 있기에 지적질이 더 많을 수밖에 없다. 반대로 '잘못했다'라는 말이 자연스러운 가정에는 사랑과 용서의 분위기가 넘친다. 이런 가정은 지적질이 없을 뿐 아니라 '잘못했다'는 말이 일상이 되어 가정이 화목하다.

　에베소서 5장 3절과 4절은 우리가 하지 않아야 할 대화에 관해 다음과 같이 언급한다.

　'음행과 온갖 더러운 것과 탐욕은 너희 중에서 그 이름조차도 부르지 말라 이는 성도에게 마땅한 바라. 누추함과 어리석은 말이나 희롱의 말이 마땅치 아니하니 오히려 감사하는 말을 해라.'

　어리석은 말이나 희롱의 말, 즉 지적하지 않아야 한다. 가정을 깨뜨리는 대화법이 아닌, 가정 천국을 만들기 위한 대화를 해야 한다. 그러려면, 지적하는 소통 0단계의 대화가 아니라 행복한 가정을 만드는 소통 1단계로 대화해야 한다.

행복한 가정을 일군다

2

소통의 1단계 가정으로

소통의 0단계는 불행한 가정을 만든다. 누구나 꿈꾸는 행복한 가정을 만들려면 소통의 1단계로 진입해야 한다. 소통의 1단계는 가정을 살리는 소통 단계이다. '가정이 살아야 나라가 산다'는 말이 있듯이 부모는 부부간, 자녀와의 바른 소통으로 행복한 가정을 만들어야 한다.

행복한 가정은 서로 칭찬해 주고 격려하는 소통이 이루어지는 가정이다. '말 한마디가 천 냥 빚을 갚는다'는 속담이 있다. 이 속담은 대화의 질이 어느 정도로 중요한가를 교훈한다.

유대인들은 수천 년 전부터 가정과 학교에서 질문과 토론을 가르치고 습관화시켰다. 나라를 잃고 세계 각지로 뿔뿔이 흩어져 사는 동안에도 이런 교육 방식은 대대로 전수되어 내려왔다. 이것은 소통이 되는 가정을 만드는 데 힘을 쏟았음을 보여준다.

조선에 선교사로 온 언더우드에게는 꿈이 있었다. 그는 조선에 '기독교적 가정, 기독교적 촌락, 기독교적 위정자, 기독교적 정부가 나타나기'를 희망했다. 그는 우리나라에 기독교적 공동체를 세우는 출발점이 바로 '가정'이라고 생각했다.

그리스도인에게 교회만큼 중요한 것이 가정이다. 그리스도인의 가정은 대화가 많은 가정이다. 세상 사람들이 갖지 않는 하나님과의 대화가 삶에 포함되어 있으니, 대화가 많을 수밖에 없다. 그리스도인의 가정은 하나님 말씀 안에서 대화한다. 하나님의 사랑으로 대화를 한다. 하나님이 가정 안에 계시다는 전제하에서 대화한다. 언더우드 선교사의 소망대로 그리스도인의 가정을 하나님의 통치가 이루어지는 가정으로 만들어야 한다. 이런 가정을 만들려면 소통 1단계 대화를 하고 있어야 한다.

'바운더리' 대화법으로

가정에 소통의 1단계가 이루어지면 대화의 질을 높여야 한다. 이를

대화가 인생을 업(Up)시킨다

위해서는 '바운더리' 대화법을 활용해야 한다.

'바운더리'란 자신만의 공간인 '영역 경계선'을 뜻한다. 헨리 클라우드와 존 타운센드는 『대화의 기술』에서 '바운더리'를 이렇게 정의한다.

"이것은 당신이 누구이며 당신이 소유한 영역의 끝이 어디이고 다른 사람이 소유한 영역의 시작은 어딘가를 결정한다. 어떤 문제를 놓고 다른 사람과 직면하고 있다면, 당신은 바운더리를 설정하고 있는 것이다."

바운더리는 대인 관계에서 우리가 누구인가를 규정하는 데 도움을 준다. 바운더리가 분명하면 다른 사람과의 관계에서 상처를 입는 것으로부터 자신을 지켜낼 수 있다. 가정 안에서 자기가 할 것과 하지 않을 것, 말할 것과 말하지 않을 것이 선명해진다.

가정에서 하는 대화의 바운더리가 분명해야 한다. 대화의 바운더리가 분명하면 유익이 크다. 『대화의 기술』에서 헨리 클라우드, 존 타운센드는 바운더리 대화가 주는 7가지 유익을 다음과 같이 말한다.

① 사랑이라는 정원을 가꿀 수 있다.
② 단절된 관계를 이어 준다.
③ 변화의 기폭제가 된다.

④ 구체적인 문제 해결 능력이 생긴다.

⑤ 정서적·영적 성장을 돕는다.

⑥ 진실을 제시하고 객관적으로 보게 한다.

⑦ 자신이 문제의 일부가 되는 것을 막아 준다.

소통의 1단계의 가정을 가꾸려면 바운더리 설정이 중요하다. 바운더리 설정으로 가정 안에서 대화가 이루어지면, 사랑이라는 정원을 가꿀 수 있다. 사랑이 가꾸어지면 가정 구성원의 정서적·영적 성장과 함께 행복한 가정이 이루어진다.

행복한 가정은 칭찬으로 만들어진다

소통 1단계 가정은 행복한 가정이다. 지적질이 아니라 격려와 칭찬이 활발하다. 행복한 가정은 칭찬으로 만들어진다. 칭찬하는 가정과 힐난이 난무하는 가정, 대화가 없는 가정의 차이는 크다. 칭찬이 많은 가정에서는 웃음소리가 그치지 않는다. 칭찬이 많은 가정은 옥조(玉條) 같은 가정을 만들어 내는 마력이 있다.

사도행전 16장 2절을 보면 디모데는 "루스드라와 이고니온에 있는 형제들에게 칭찬받는 자"였다. 사도행전 22장 12절에 등장하는 "아나니아"도 칭찬받는 자였다. 성경은 그를 "율법에 따라 경건한

대화가 인생을 업(Up)시킨다

사람으로 거기 사는 모든 유대인들에게 칭찬을 듣는 아나니아라 하는 이"라고 설명한다. 칭찬받는 자는 그 자신도 힐난의 말이 아니라 칭찬하는 말을 한다.

그리스도인 가정은 물어야 한다. 칭찬을 많이 하는 가정인가, 아닌가? 행복한 가정에는 칭찬이 넘친다.

독일의 문호 괴테는 "남의 좋은 점을 발견할 줄 알아야 한다. 그리고 남을 칭찬할 줄도 알아야 한다"라고 말했다. 칭찬하려면 구성원의 좋은 점을 발견하려고 해야 한다. 모든 사람에겐 단점이 있다. 그럼에도 단점 대신 장점을 찾아 칭찬해야 한다.

칭찬으로 이루어진 가정이 일류 가정이다. 기류 미노루는 『대화의 일류, 이류, 삼류』에서 칭찬을 삼류, 이류, 일류로 나눈다.

"삼류는 칭찬하면 이야기가 끝나 버리고, 이류는 계속 칭찬을 해서 이야기를 풍성하게 만들려고 한다. 일류는 평소에 주로 하는 칭찬에 한 가지 요소를 추가하여 상대방에게서 자연스럽게 대화를 끌어낸다."

우리는 칭찬함으로 일류 가정을 꾸려야 한다. 평소에 주로 하는 칭찬에 한 가지 요소를 추가한 대화로 일류 가정을 만들어야 한다.

말과 대화에는 차이가 있다. 대화는 쌍방소통을 전제로 하지만 말은 일방소통을 전제로 한다는 점이다. 일방소통은 잘난 척, 비난으로 흐르는 경향이 짙다. 대화는 쌍방소통을 전제로 한다. 칭찬은 일방소통이 아니라 쌍방소통에 의해 만들어진다.

칭찬하는 가정을 만들려면 내가 먼저 칭찬해야 한다. 가정에서의 대화는 무엇이 흐름을 주도하는가가 중요하다. 칭찬이 대화 흐름을 주도하면 가정의 대화 흐름은 칭찬이 된다.

대화란 내가 한 말에 대한 상대방의 울림이다. 그 울림은 비난의 울림이 아니라 칭찬의 울림이어야 한다. 칭찬의 울림이 되면, 칭찬 릴레이가 이루어진다.

황금률 원리를 알고 대화해야 한다

소통의 1단계를 이루려면 성경의 황금률 원리를 적용해야 한다.

'남에게 대접을 받고자 하는 대로 너희도 남을 대접하라'(눅 6:31).

이것이 성경이 제시하는 황금률이다. 사람은 누구나 다른 사람에게 융숭한 대접을 받고자 한다. 누가복음의 말씀은 푸대접을 말하지 않는다. 푸대접을 받고 싶어 하는 사람은 없다. 하지만 푸대접을 받을 만한 말을 하면 푸대접을 받는다. 그러기에 대접을 받고자 한다면 대접받을 말을 해야 한다.

사람마다 대화할 때 듣고 싶은 말이 있다. 듣고 싶은 말을 듣는 것이 대접받는 것이다. 내가 듣고 싶은 말을 듣고자 하는 것처럼 상대방이 대접받고 싶어하는 말을 해야 한다. 상대방이 듣고 싶은 말은 비난의 말이 아니라 자기 삶에 피가 되고 뼈가 되는 말이다. 비난의 말을 듣고 대접받았다고 생각하는 사람은 없다. 칭찬의 말을 듣고 대접받지 않았다고 생각하는 사람도 없다.

가정에 적용할 대화법은 예수님의 황금률이다. 만약, 황금률과 정반대로 말한다면 속히 바꾸어야 한다.

어떤 것이든 바꾸려면 직면해야 한다. '직면'은 라틴어로 '상대방을 향해 얼굴을 돌리고 정면에서 바라보다'라는 뜻이다. 이는 얼굴을 맞댄다는 의미다. 상대방으로부터 관계의 전환점을 찾기 위해 대화를 시도했는데, 돌아오는 것이 '네가 잘못했다'라는 지적이라면 이는 나를 향한 호의가 아닌 공격으로 받아들일 수 있다. 그러나 직면이 제대로 이루어지면 가정의 대화는 황금률 대화로 도배된다.

황금률의 대화는 칭찬, 감사, 긍정의 말이다. 제대로 직면하면 비난의 말에 변화를 위한 힘이 실린다. 변화가 이루어지면 가족으로부터 예쁜 말을 듣는다. 가족으로부터 예쁜 말을 듣는 것은 최고의 선물이다. 우리는 황금률인 "남에게 대접을 받고자 하는 대로 남을 대접하라"는 말씀을 기억하고 대접받고 싶은 대화로 가정을 행복의 꽃밭으로 만들어야 한다.

소통의 2단계

자녀가 가정에서 행복해한다

3

가정에 소통 2단계가 이루어지도록 힘써야 한다

소통의 1단계의 목표는 행복한 가정을 일구는 것이었다. 소통의 2단계는 자녀의 행복에 초점을 맞춘다. 자녀가 행복해지는 소통을 목표로 하기 때문입니다. 부모와 자녀는 친밀함으로 행복이 넘치는 관계여야 한다. 하지만 불행을 느끼는 자녀가 꽤 있다.

여행하다 보면 부자간, 부녀간, 모자간, 모녀간, 형제와 자매간 여행하는 것을 본다. 그 모습이 어찌 그리 아름다운지 모른다. 부모와 자녀 간에 대화가 잘 되는 가정은 무조건 천국의 모습이다.

가정 화목이 부모와 자녀의 소망이다. 어떤 작가는 사교육을 줄

여야 가족이 화목하면서 노후도 보장되는 사회를 만들 수 있다고 한다. 아무튼 가정이 행복하다는 것은 자녀가 가정에서 행복을 느낀다는 것이다.

자녀가 가정에서 행복해지려면 두 가지 조건이 충족돼야 한다. 그 첫 번째는 부부간의 소통이 잘돼야 한다. 두 번째 조건은 부모와 자녀 간 소통이 잘돼야 한다.

과거에는 부모와 자녀 관계가 상명하복식 구조였다. 지금은 수평 구조로 바뀌었다. 수평 구조라고 해서 부모와 자녀의 대화가 쌍방소통이 된다고는 할 수는 없다. 그럼, 어떻게 해야 자녀가 가정에서 행복해할까?

부모는 자녀가 하나님의 선물임을 명확하게 받아들여야 한다. 성경은 '자녀는 여호와께서 주신 선물'이라고 명명한다(시 127:3). 그렇다. 자녀는 하나님의 선물이다. 선물을 내팽개치는 사람은 없다. 선물은 소중히 다룬다. 자녀가 하나님의 선물이라면 부모는 자녀와 소중하고도 소중하게 대화해야 한다. 자녀를 하나님의 선물로 받아들인 부모는 소통 2단계를 할 수 있는 좋은 성품과 능력을 갖추고 있다.

헨리 클라우드와 존 타운센드는 『대화의 기술』에서 "부모에게는 자녀가 태어날 때부터 가정을 떠날 때까지 큰 책임이 따른다. 당신은 자녀가 건강하고 성숙한 인격체로 자라도록 도와야 한다. 좋은 관계를 맺고 유지하는 것뿐 아니라 절제하고 헌신하는 것에 이르기까지 부모로서 당신은 자녀가 좋은 성품과 능력을 쌓도록 애써야 한다"라고 조언한다. 부모로서 당신은 자녀가 좋은 성품과 능력을 쌓도록 어떤 애를 써야 하는가?

자녀와 바운더리 대화를 해야 한다. 이로써 가정에서 소통 2단계를 이루어야 한다. 가정에서 자녀가 행복하려면 부모는 자녀와 바운더리 대화를 해야 한다. 하고 싶은 말을 다 하면 안 된다. 바운더리 대화로 자녀에게 행복감을 안겨주어야 한다.

오노코로 신페이는 『관계의 품격』에서 "부모와 자녀 간에 적당한 선이 필요하다"고 한다. 많은 부모가 자녀의 삶에 깜빡이 없이 개입하는 경향이 있다. 깜빡이를 켜고 개입하는 것이 바운더리 대화이다. 할 말과 하지 않을 말을 구분하는 것이 바운더리 대화다.

부모와 자녀 간 바운더리 대화가 이루어지려면 일방적으로 말하지 않아야 한다. 홍의숙은 『초심』에서 "일방적인 의사소통 방식을 버리라"며 다음과 같이 조언한다.

"일방적인 의사소통 방식은 상대방의 마음과 생각을 닫아 버린다. 대부분의 사람은 의사소통을 잘못 생각하고 본인의 생각과 의견을 전달하는 것에만 집중한다. 하지만 이는 일방적인 의사소통에 불과하다. 진정한 의미의 의사소통은 내가 하고 싶은 말을 하고 내가 듣고 싶은 말을 듣는 것이 아니라, 상대방 입장에서 상대방의 말

대화가 인생을 업(Up)시킨다

을 듣고 이해하는 것이다. 진정한 관심은 나의 기준이나 잣대를 버리고 상대를 그대로 존중하며 그 사람의 목소리를 듣는 것이다."

그렇다. 가정에서 소통의 2단계가 완성되려면 일방적인 의사소통을 하면 안 된다. 일방적인 의사소통 방식은 부모의 기준이나 잣대로 자녀가 가정에서 누릴 행복을 앗아 간다. 부모가 자녀에게 가정 행복을 선물하려면 자녀의 눈높이에 맞춰주는 자기 비움이 전제되어야 한다. 만약 자녀가 가정에서 행복을 누리지 못한다면, 그것은 가정에 소통 2단계가 이루어지지 못한 것이다. 부모가 자녀의 생각과 마음, 행동을 아낌없이 받아주고 있는가가 소통 2단계의 여부를 결정한다. 팀 켈러는 『탕부 하나님』에서 하나님에 대해 이렇게 말한다.

"우리에게 보여주는 하나님은 앞뒤 재지 않고 아낌없이 다 내주시는 분이다. 그런 의미에서 그분은 자녀인 우리에게 그야말로 탕부이시다."

탕부 하나님처럼 부모가 자녀의 어떤 것도 받아줄 때, 가정에 소통 2단계가 이루어진다.

일상의 대화가 소통 2단계를 판가름한다

일상에서의 대화가 소통 2단계를 이루는 데 중요하다. "밥 먹었어?", "오늘 어땠어?", "하루 즐거웠어?", "너는 참 착해!" 등의 일상 대화가 부모와 자녀의 행복 지수를 높인다.

저에겐 통화 중 대화 패턴이 있다. "밥 먹었어?"이다. 이 말을 듣는 사람은 정겹게 느껴진다고 한다. 부모는 자녀와의 대화를 "밥 먹었어?", "오늘 행복했어?", "누굴 만나서 대화했어?"와 같은 말 걸기로 시작해야 한다. 이런 질문은 자녀와 적극적으로 소통을 시작하고 싶다는 신호이다.

부모와 자녀는 일상에서 벌어질 수 있는 내용으로 정겹게 대화하는 것이 좋다. 이런 대화가 소통의 2단계를 좌우한다. 가정 안에서 부모와 자녀의 일상 대화가 많아야 한다. 가정 안에서 대화는 서로의 말에 귀를 기울이게 한다. 특히, 하루의 시작과 마무리 대화가 중요하다.

"오늘 하루도 축복해", "멋진 하루를 만들자", "오늘 수고했어", "하루를 잘 마쳐줘서 고마워" 등은 꼭 해야 하는 말이다. 이런 말들이 오고 가면 일상의 대화는 행복을 만끽하게 해준다. 반대로 "오늘도 왜 그래?", "좀 더 잘할 수 없어?", "이렇게밖에 못해!" 등의 말은 소통 2단계 대화를 방해한다.

특별히 저녁에 주고받는 대화는 칭찬과 격려, 긍정적인 대화여야 한다. 하지만 부정적인 말이 더 많을 때가 종종 있다. 어떤 어머니는 저녁에 자녀와 부정적인 단어로 대화한다고 고백한다.

대화가 인생을 업(Up)시킨다

그 어머니는 나름대로 말조심하고 단어 선택도 잘하려고 노력해 왔는데 단어들을 부정, 긍정의 차원에서는 생각하지 않았다. 나중에 돌이켜보니 부정적인 단어를 더 많이 사용하고 있었단다. 그런 부정적인 대화를 하는 자신을 보고 충격을 받았고, 자녀와의 대화를 부정적인 것에서 긍정적인 것으로 바꾸는 훈련을 시작하기로 결심했다고 한다.

가정에서 부모와 자녀 간에 부정적인 대화가 많은 이유는 간단하다. 사람이 본능적으로 긍정적 정보보다는 부정적 정보에 관심을 갖기 때문이다. 자녀와 부정적인 대화를 하지 않아야 하는 이유 역시 간단하다. 부정적인 자극을 받으면 심박수가 증가하고 생리적 긴장 상태로 돌입하기에 그렇다. 뇌는 대뇌피질에 강한 전기 반응을 보인다. 사람의 뇌는 긍정적인 정보에 대한 반응보다는 부정적인 정보에 반응을 집중한다. 부정적 내용을 담고 있는 기사 제목을 보게 되면 자기도 모르게 클릭하고 집중해서 기사를 읽는 이유가 이 때문이다.

가정에서 나누는 일상적인 대화는 부정적인 정보를 요구하는 뇌의 본능을 이겨야 한다. 다시 말해, 가정에서의 대화는 격려와 칭찬, 힘을 주는 단어들로 이루어져야 한다. 가정에서 하는 일상의 대화는 거친 대화가 아니라 매끄러운 대화여야 한다. 닫힌 대화가 아니라 열린 대화를 해야 한다. 이런 대화가 행복한 부모와 자녀 관계를 만들어 간다.

하루 한 시간 이상 대화가 이루어진다

가정에서 소통 2단계가 이루어지게 하려면 부모와 자녀 간에 정해
진 대화 시간이 있어야 한다. 옛날에는 밥상머리 교육으로 대화가
이루어졌다. 하지만 밥상머리 교육은 부모가 자녀에게 일방적으로
잔소리하는 시간이다. 심지어는 혼나기까지 한다. 잘못하면 밥상머
리 교육이 아니라 부모 혼자 말하는 시간이 될 수 있다.

  가정에서 대화는 분주한 아침보다는 가족이 모두 모일 수 있고,
여유가 있는 저녁이 적합하다. 이때 대화 원칙을 정하면 좋다. 가족
이 함께 모여 대화할 땐, 한 사람의 대화 시간이 길지 않아야 한다.
한 사람의 이야기를 제일 듣기 좋은 시간은 45초라고 한다. 1분 30초
를 넘으면 듣는 사람이 약간 지루하게 느낀다. 2분 10초를 넘어가
면 말하는 사람 자신도 앞뒤 연결을 놓치고, 듣는 쪽도 요점을 잡기
어렵다. 특정한 대화 주제가 아니라면 한 사람이 말하는 시간은 길
어도 3분을 넘기지 않는 것이 좋다.

  예수님처럼 기도로 하나님과 먼저 대화한 뒤 시작하면 대화가
더 매끄러워진다. 부모는 자녀와 대화할 때, 예수님이 하나님께 기
도하는 마음처럼 어떤 말도 받아줄 수 있는 자세를 먼저 갖춰야 한

다. 그렇지 않으면, 부모는 "공부하라!, 공부하라!"는 잔소리를 하게
된다. 공부도 좋지만 자녀가 품격 있는 인간미를 갖추도록 하기 위
해선 정해진 시간에 부모와 정겹게 대화해야 한다.

　자녀와 일정한 시간을 떼놓고 대화하려면, 대화의 정의를 먼저
알아야 한다. 유정임은 『말과 태도 사이』에서 대화를 "배려로 채워
진 울림이다"라고 정의한다.

　대화가 배려로 채워진 울림이 되려면, 대화 시간을 정해서 해야
한다. 부모와 자녀가 배려로 채워진 울림의 대화를 하면 사람뿐 아
니라 하나님의 마음에도 큰 울림이 생긴다.

　울림 있는 대화는 서로의 감정을 헤아릴 때 가능하다. 그럼, 어떻
게 감정을 헤아릴 수 있을까?

　감정을 셀프 컨트롤(self-control)해야 한다. 그럴 때, 좋은 대화
를 할 수 있다. 심리학에서는 사람이 스스로 자신의 욕구와 감정, 행
동을 절제하는 능력을 셀프 컨트롤, 즉 '자기 조절력'이라고 한다.
대화에서는 자기 조절력이 대화의 밀도를 결정하는 기준이 된다.

　부모와 자녀가 정해진 시간에 한 시간 이상 대화하려면 감정의
셀프 컨트롤이 뒷받침되어야 한다. 가까운 가족 간에는 대화가 편
하게 이루어지므로 감정도 쉽게 폭발할 수 있다. 만약 감정의 셀프
컨트롤이 되지 않으면 정해진 시간 동안 대화를 고민해야 한다.

　부모와 자녀 간에는 감정의 셀프 컨트롤을 통해 대화가 따뜻해

지도록 신경 써야 한다. 따뜻한 대화가 이루어지려면, 대화에서 결과를 얻으려 하지 말고 대화 과정을 중시해야 한다. 대화에 서툰 사람은 대화의 결과에 초점을 둔다. 가족 간에 한 시간 동안 대화를 하려면 결과가 아니라 대화의 과정에 초점을 맞춰야 한다. 서로의 감정을 살피며 마인드 컨트롤해야 한다.

정흥수는 『대화의 정석』에서 하나의 대화 방법을 제시한다. "상대방의 말이 끝났어도 2초를 센 다음 내 이야기를 하는 것이 시간을 정해 놓고 하는 대화의 방법이다"라며 "말이 끝나도 2초는 기다리자"라고 제안한다.

어떤 자녀는 말이 느리다. 다음 이야기로 넘어갈 때 공백도 있다. 그 공백을 부모가 치고 들어와 자기 이야기를 하면 안 된다. 자녀의 말이 끝난 것처럼 보여도 기다려 주어야 한다.

이때 자녀에게도 예외는 없다. 자녀도 부모를 기다려 줘야 한다. 부모에겐 대화 중 스스로 깨닫고 상황을 기억해 내며 적합한 단어를 찾아서 표현하는 데까지 시간이 필요하다. 자녀의 말이 빠르든 느리든 상관없다. 진짜 하고 싶은 내면의 이야기를 밖으로 꺼낼 때까지 자녀는 어느 정도의 시간을 기다려 주어야 한다.

부모는 정해진 대화 시간을 특별히 사랑하는 소중한 자녀의 말을 충분히 들어주는 시간으로 삼아야 한다. 자녀가 하는 말이 듣기 힘들지라도 말을 자르지 않아야 한다.

대화가 인생을 업(Up)시킨다

가정에서 부모와 자녀 간의 소통 2단계가 이루어지려면 4가지 요소로 대화해야 한다. 『대화의 기술』에서 헨리 클라우드와 존 타운센드는 그 4가지를 '사랑, 진리, 자유, 현실'이라고 말한다. "자녀들과 나누는 훌륭한 대화에는 예외 없이 사랑, 진리, 자유, 현실이라는 네 가지 필수 요소가 담겨 있다"라고 말이다.

사랑, 진리, 자유, 현실이 담긴 대화를 한 자녀는 한 가정의 구성원으로서 책임감 있게 살아간다. 또한, 하나님 자녀로서의 가치관을 갖고 세상을 하나님의 나라가 되도록 만드는 데 최선의 삶을 경주한다.

특히 어린 자녀와 대화할 때 부모는 더 많은 것을 고려해야 한다. 어린 자녀는 부모와의 대화에 있어 집중력이 약하다. 요한 하리는 『도둑맞은 집중력』에서 미국의 10대들은 한 가지 일에 65초 이상 집중하지 못한다고 한다. 전술했듯이 한 사람의 이야기가 제일 듣기 좋은 시간은 45초이다. 직장인들의 평균 집중 시간도 단 3분에 불과하다. 그렇다면 부모가 어린 자녀와 대화할 때 최우선에 두어야 하는 것이 명확해진다. 그것은 바로 자녀의 집중력이다.

소통의 3단계

기쁨의 신앙생활을 한다

4

하나님이 원하시는 신앙생활은 소통의 3단계에 도달할 때 가능하다

소통의 1단계는 가정을 가정답게 만든다. 소통의 2단계는 부모와 자녀의 관계를 아름답게 만든다. 소통의 3단계는 영적인 만족으로 이끄는 기쁨의 신앙생활을 하게 한다.

그리스도인의 삶은 가정과 사회로 국한되지 않는다. 하나님과의 관계인 신앙생활까지 이어져야 한다. 가정생활이 안정되고 부모와 자녀의 관계가 좋아도 신앙생활까지 이어지지 않으면 가정 지옥이

대화가 인생을 업(Up)시킨다

된다. 그리스도인이 가정을 천국처럼 만들려면 영적인 부분도 천국이 되어야 한다. 영적인 천국이 되지 못하면 가정 천국은 머나먼 길이다.

그리스도인은 신앙생활을 통해 하나님 나라의 아름다운 공동체를 세우려고 한다. 신앙생활이란 하나님과 좋은 관계를 유지하는 것이다. 이정일 목사는 『나는 문학의 숲에서 하나님을 만난다』에서 "신앙생활의 관건은 누구의 말을 들을 것인가에 있다"라고 한다. 신앙생활은 하나님의 말씀을 듣는 것이다. 신앙생활에서는 하나님과의 대화가 중요하다. 그리고 말씀에 근거해 교인과의 대화, 가정에서의 신앙적인 대화로 연결되어야 한다.

대화에서 말하기보다 듣기가 중요하듯, 신앙생활에서도 하나님의 말씀을 듣는 자세가 중요하다. 소통의 3단계를 만들려면 하나님의 말씀을 먼저 듣는 자세를 갖추어야 한다. 어떤 사람은 듣는 자세는 갖추지 않고 말할 자세만 갖춘다. 말할 자세만 갖추었다는 것은, 말마다 자기 자랑만 하는 것이다. 입만 열면 온갖 자기 자랑만 늘어놓는다. 이런 사람은 자신의 열등감을 은연중에 드러내 보이는 것이다. 자랑거리가 주위 사람인 가족, 친구, 친척, 이웃이라면 별 볼일 없는 사람이라는 열등감을 적나라하게 드러내는 것일 뿐이다.

그리스도인 중에 자기 자랑과 응답해 달라는 말만 하는 사람이 꽤 있다. 이런 사람은 하나님의 말씀을 듣기보다는 응답받을 기도 제목만 열거한다.

소통의 3단계인 기쁨으로 신앙생활을 하려면, 자기 말 늘어놓기가 아니라 하나님의 말씀에 귀 기울여야 한다. 자기 자랑에 바쁜 것이 아니라 하나님 자랑에 바빠야 한다. 이런 사람이 기쁨의 신앙생활을 한다.

관대한 마음이 서로 존중으로 이어진다

신앙생활을 할 때 가져야 할 마음 자세는 '관대함'이다. 자기에게는 혹독해도 다른 사람에게는 관대해야 한다. 많은 그리스도인이 자기에게는 관대하고 다른 사람에게는 혹독한 경우가 대부분이다. 이를 바꿔야 하나님께서 원하는 신앙생활을 할 수 있다.

정석원은 『기독교 세계관이 필요해』에서 "교회 가기 불편할 때, 교회를 옮기고 싶을 때 어떡하죠?"라는 질문에 이렇게 대답한다. "관대한 마음을 가지라."

신앙생활을 하다 보면 별의별 일을 다 겪는다. 그런 일에 일희일비할 수 없다. 길게 보고 넓게 관조하며 관대한 마음을 가져야 한다.

관대한 마음은 상대방에 대한 존중으로부터 시작된다. 정흥수는 『대화의 정석』에서 마법의 말이 있다고 한다. 그것은 "그럴 수 있어!"이다. 이 말에는 '존중해 주면 좋겠다'는 의미가 숨어 있다. 사람은 있는 그대로 존중받고자 한다. "그럴 수 있어!"라는 말은 나와 다른 상대방의 생각을 존중하고, 상대방과 다른 내 생각을 존중케 하는 효과가 있다.

도스토옙스키는 "남들에게 존중받고 싶다면 먼저 자신을 존중하라"고 한다. 이는 자신을 존중하는 사람이 다른 사람도 존중한다는 말이다.

다른 사람을 존중하는 사람은 관대한 마음을 지닌 사람이다. 하지만 인간이 무한정 관대할 수는 없다. 그러기에 먼저 하나님을 통해 관대함을 공급받아야 한다. 즉, 관대함을 지니려면 먼저 하나님을 바라봐야 한다.

2015년에 흥미로운 연구 결과가 발표되었다. 90명의 대학생을 유칼립투스 숲으로 데려갔다. 그중 절반의 학생들에게 고개를 들어 1분간 200피트에 이르는 나무를 올려다보게 하고, 나머지 절반에게는 멀리 있는 건물들을 바라보게 했다. 그리고 1분 후에 설문조사를 실시했다. 그 과정에서 설문자가 '실수로' 펜을 떨어뜨린다. 이 실험의 포인트는 설문의 내용이 아니라, 펜을 떨어트린 사람을 얼마나 도와주는지 관찰하기 위함이다. 결과는 '고개를 들어 높다란 나무를 바라본 경험을 한 학생들이 다른 사람들에 비해 훨씬 더 남을 잘 돕고 친절하다'였다. 연구자들은 이 실험의 결과를 이렇게 분석했다. '경이적인 경험을 한 사람들일수록 자신의 중요성에 덜 집

착하게 되고 좀 더 관대한 입장으로 바뀌게 된다.'

이것이 우리가 하나님과 좋은 관계를 맺어야 하는 이유 중 하나
이다. 하나님을 바라보는 사람은 타인을 관대함으로 대한다. 신앙
심이 깊으면 더 관대하다. 관대한 사람은 자신의 입장을 말하지 않
는다. 상대방의 입장에서 한다. 교회 공동체 사람들과의 대화가 옹
졸해지지 않는다. 관대한 마음을 가진 상태로 이루어진다.

관대함은 서로 존중으로 이어진다. 사람을 움직이는 건, 존중심
이다. 서로 존중하면 신앙생활이 기쁨 그 자체가 된다. 홍의숙은
『초심』에서 이렇게 말한다. "진정한 관심은 나의 기준이나 잣대를
버리고 상대를 그대로 존중하며 그 사람의 목소리를 듣는 것이다."

상대를 있는 그대로 존중하면 신앙생활 중 소통이 활발해진다.
그중 가장 활발하게 소통해야 할 대상은 바로 하나님의 말씀이다.

하나님의 말씀이 대화의 중심 주제다

그리스도인의 삶 중심에는 하나님 말씀이 있다. 신앙생활을 할 때,
대화의 중심 주제는 하나님의 말씀이어야 한다. 말씀을 중심으로,
말씀을 근거로 대화가 이루어지면 대화의 끝맛이 좋다. 대화가 꿀
맛처럼 된다.

많은 그리스도인의 대화 주제가 세상일에 관한 경우가 허다하

다. 그 가운데 욕심과 탐욕이 앞선다. 신앙생활도 하나님의 도움을 받는 도구로 전락시키려 한다.

소통의 3단계를 이루려면 대화의 주제가 하나님의 말씀이어야 한다. 그리스도인은 "네 마음을 다하고 목숨을 다하고 뜻을 다하고 힘을 다하여 주 너의 하나님을 사랑하라"(막 12:30)는 말씀대로 기쁨으로 하나님과 대화해야 한다.

하나님의 말씀으로 대화하지 않으면 소통의 3단계에 이르지 못한다. 유익해야 할 대화를 무익으로 끝내기 십상이다. 그리스도인의 대화는 영혼을 살리는 데 그 목적이 있다. 영혼을 살리는 데 목적이 없다면 대화 자체가 해로울 수도 있다.

우리의 대화에 하나님의 말씀이 중심되도록 기도를 쉬지 않아야 한다. 이를 위해서는 다음의 말씀을 붙들어야 한다.

'너희 중에 누구든지 지혜가 부족하거든 모든 사람에게 후히 주시고 꾸짖지 아니하시는 하나님께 구하라 그리하면 주시리라'(약 1:5).

하나님께 기도해 하나님의 말씀이 중심이 되는 대화가 이루어지도록 힘써야 한다. 신앙생활에서 대화는 말씀으로 시작하고 말씀으로 끝마쳐야 한다. 만약 말씀이 중심되지 않으면 소통의 3단계는 구호에 그친다. 그리스도인의 대화 원칙은 하나님의 말씀이어야 한다. 그 원칙이란 마치 바퀴의 중심축과 같다. 중심축은 흔들림이 없어야 한다. 바퀴가 빠르게 돌수록, 아니 빠르게 돌기 위해서는 축이 흔들리지 않아야 한다.

소통의 3단계 원칙은 바로 이것이다. 말씀의 중심축에 흔들림이 없어야 한다. 원칙에 흔들림이 없을 때 신앙생활이 세상에서 아름답게 투영된다.

하나님의 마음을 품고 대화해야 한다

그리스도인이 소통의 3단계인 기쁨으로 신앙생활을 하려면 하나님의 마음을 품은 채 대화해야 한다. 죄성이 가득한 인간의 마음을 품고 대화하면 큰일 난다. 죄성이 가득한 인간의 마음을 품고 하는 대화에는 부정적인 이슈가 주를 이룬다. 칭찬보다는 비판이 훨씬 많다. 상대방을 깎아내리는 대화, 상대방을 흠집 잡는 대화가 80퍼센트를 넘어간다.

죄성으로 시작하는 대화는 결국 대화 단절로 이어진다. 죄성은 사람을 삐딱하게 바라보게 만든다. 그러나 말씀은 우리에게 비판하지 말 것을 경고한다. 예수님은 "너희가 비판하는 그 비판으로 너희가 비판을 받을 것이요"(마 7:2)라고 하셨다.

다른 사람에 대한 비판을 멈추어야 한다. 비판은 자신을 향하는 것이기 때문이다. 이런 말이 있다. "남을 향한 비판의 시선은 반드시 자신을 향하게 되어 있다." 남을 향해 비판하면, 비판하는 그 순간에 자신도 비판을 당하고 있는 것이다.

김양재 목사는 『보석상자』에서 "비판이 아니라 하나님의 마음을 품으라"며 다음과 같이 권고한다.

"비판보다 중요한 것은 하나님의 마음을 품는 것입니다. 한 사람을 귀히 여기는 마음, 그 한 사람의 구원을 위해 헌신하는 것이 하나님 나라를 이루는 믿음입니다."

한 사람을 귀하게 여기는 마음은 하나님의 마음을 품을 때 나온다. 비판이 원수를 만든다면, 하나님의 마음을 품으면 친밀한 관계가 형성한다. 하나님의 마음을 품은 사람은 기도하는 마음으로 대화를 한다. 우리는 수준 높은 대화를 하기 위해 예수님처럼 대화하게 해 달라고 기도해야 한다.

김양재 목사는 『보석상자』에서 가장 큰 기도 응답은 "나를 괴롭히는 사람을 위해 눈물 흘리게 되는 것"이라고 한다. 나를 괴롭히는 사람을 위해 눈물 흘리며 기도하는 것이 가장 큰 기도라면, 하나님의 마음을 품고 대화하면 눈물이 아니라 감동의 물결이 넘치는 대화가 된다. 그러면 비로소 소통의 3단계가 완성된다.

하나님 사랑이 넘치는 가정이 만들어진다

5

대화가 많은 가정이 행복하다

대화가 많은 가정이 행복하다. 행복한 가정의 분위기와 행복하지 않은 가정의 분위기는 그 온도 차이 역시 크다. 행복한 가정에는 대화가 넘친다. 물론, 대화가 많다고 무조건 좋다고 할 순 없다. 그러나 대화가 많다는 자체는 좋다. 좋은 대화는 마음을 편안하게 해준다. 불안할 때 마음을 터놓는 대화를 하면 마음이 평안으로 채워진다. 특히 불안할 때는 대화를 많이 해야 한다.

자녀는 불안하다. 입시, 미래, 취업, 관계 등 모든 게 불안하다. 부

대화가 인생을 업(Up)시킨다

모에게는 행복한 가정 분위기를 조성해 불안한 자녀를 평안하게 해 줄 책임이 있다. 가정의 행복은 대화 시간과 비례한다.

박용후는 『관점을 디자인하라』에서 "인맥의 나무는 같이 아파하며 울어준 시간만큼, 같이 대화하며 공감한 시간만큼, 상대를 위한 공을 들인 시간만큼 자라는 것이다"라며 인맥과 시간과의 관계를 설명했다. 인맥도 시간만큼 자란다면, 행복한 가정도 대화한 시간만큼 자란다.

대화를 많이 하되, 기분 나쁘게 하는 대화를 많이 할 필요는 없다. 정승익은 『어머니, 사교육을 줄이셔야 합니다』에서 "부모로서 해야 할 것과 피해야 할 것을 구분하라"고 한다. 먼저 다음과 같이 부모로서 해야 할 것을 조언한다.

"아이의 말을 적극적으로 경청하자, 아이를 존중하자, 아이와 더 많이 대화하자, 자녀와 함께 독서하자, 부모가 모범을 보이자."

다음으로 부모로서 피해야 할 것은 "잔소리하지 말자, 화내지 말자, 자녀의 의견을 무시하지 말자, 자녀를 다른 아이와 비교하지 말자, 자녀의 잘못을 무조건 감싸주지 말자"이다.

대화를 많이 하되, 부모로서 해야 할 대화를 해야 한다. 부모와 자녀 간에 친밀함을 쌓는 대화가 많아야 한다. 친밀하면 대화가 많아진다. 관계가 좋지 않으면 대화하는 것조차 서먹하다. 오랜만에 만난 친구와는 인사말과 근황을 나누면 할 말이 없다. 매일 만나는 친구는 어제 할 말 다 했는데 오늘도 할 말이 넘쳐서 헤어진 뒤 전화로 대화를 이어 간다.

대화가 많은 가정은 얼굴을 마주 보면 도란도란 대화의 꽃을 피운다. 대화 도중 깔깔거리며 웃다가 배꼽 빠진다. 각자 방으로 들어가는 것이 아쉬워서 뒤돌아보며 헤어진다. 각자의 일터에서 일하다가 짬이 나면 전화로 안부라도 물어야 직성이 풀린다.

식탁에 마주 앉자마자 오늘 일어난 일을 주저리주저리 끝없이 실타래 풀듯 풀어 댄다. 서로의 얼굴을 보며 하는 대화는 흥미진진해서 고개를 돌릴 수 없다. 이런 모습 자체가 이미 행복하다는 것을 증명한다. 행복한 가정에는 대화가 많다. 친밀한 대화가 많다. 서로 헤어지기 아쉬울 정도로 대화하길 즐긴다.

행복한 가정에는 사랑이 넘쳐난다

대화가 많은 가정에는 사랑이 넘쳐난다. 사랑이 넘치니 격려를 편하게 한다. 사랑이 넘치는 가정에서는 격려가 크고, 지적은 작다. 『행복한 가정을 꿈꾸십니까』에서 두상달과 김영숙은 "격려는 크게 지적은 작게 하라"고 한다. 마크 트웨인은 "한마디 격려는 우리를 한 달 동안 기쁘게 할 수 있다"고 말한 바 있다.

행복한 가정에는 격려의 대화로 사랑이 넘쳐난다. 가정은 대화

대화가 인생을 업(Up)시킨다

를 통해 사랑이 넘쳐나야 한다. 사랑이 넘쳐나야 함을 강조한 정신과 의사 로스 캠펠은 2년간 다양한 37개 문화집단에 속한 5천 명을 인터뷰한 뒤 다음과 같은 결론을 내렸다.

'모든 아이는 자신들의 내면이 사랑으로 채워지기를 바라는 그릇이 있다. 자신이 사랑받고 있다고 느낄 때, 자녀는 정상적으로 발육, 성숙해 나간다. 그러나 사랑의 그릇이 비게 될 때 자녀는 비뚤어지고 탈선하게 된다.'

자녀들의 내면이 사랑으로 채워지면 사랑받고 있다고 느낀다. 그러면 자녀가 정상적으로 발육, 성숙해 나간다.

로스 캠펠은 "격려, 위로, 칭찬, 자존심을 세워주는 말을 들을 때 아이들은 자신감을 갖는다. 부모의 사랑과 기쁨과 관심의 대상이라는 것을 스스로 인식하며 자란 자녀는 자존심이 강하고 균형 감각이 있는 인격자로 성장한다"며 사랑이 넘치는 가정이 자녀들을 얼마나 건강하게 만드는지 강조했다.

자녀에게 부모의 사랑이 넘쳐나면 그 자녀는 자존감, 자신감, 균형 감각 있는 인격자로 성장한다.

행복한 가정에서는 자녀와 사랑을 담은 대화를 한다. 장차오는 『마음을 사로잡는 말 센스의 비밀』에서 자녀들과 대화할 때 사랑을 담으라고 한다.

그는 "자녀들과 대화를 나눌 때도 한마디 말 속에 아이들에 대한 사랑을 듬뿍 담아 전달해야 한다. 마음으로만 사랑하고 표현하지 못하는 부모가 되어서는 안 된다"며 부모의 사랑이 듬뿍 담긴 말 한마디에 따라 자녀의 그릇이 결정된다고 강조한다. 그러면서 "부모들이여, 그대들은 당신의 자녀들이 당신의 사랑과 관심에 따라 옥그릇이 되기도 하고 깨진 그릇이 되기도 한다는 것을 명심하라. 비록 지금 사춘기 문제아일지라도 20년 후, 아니 30년 후에 되어 질 자녀의 모습을 그리며 끊임없이 자녀들을 격려하라. 칭찬하는 데는 비용이 들지 않는다. 그러나 그 효과는 대단하다"고 조언한다.

그렇다. 부모는 자녀에게 비용이 들지 않는 칭찬과 격려를 마음껏 해주어야 한다.

미국 GE의 사장 잭 웰치가 탁월한 사람이 될 수 있었던 것은 부모로부터 사랑을 듬뿍 받았기 때문이다. 그는 어렸을 적에 우둔한 말더듬이였다. 그는 심한 열등의식에 젖어 사람들을 만나기를 꺼렸다. 열등감에 괴로워하는 잭 웰치에게 어머니는 항상 이런 말을 했다.

"너는 머리가 너무 좋아서 두뇌 회전이 빨라. 그래서 말이 생각을 따라가지 못할 뿐이란다. 넌 반드시 훌륭한 사람이 될 거야, 그러니 꿈을 잃지 마라."

잭 웰치는 어머니의 이러한 격려에 용기를 얻어 학업에 전념했다. 그리고 자신의 약점을 두려워하지 않고 많은 친구를 사귀었다. 잭 웰치가 세계적인 기업의 CEO가 된 것은 어머니의 따뜻한 사랑의 칭찬과 격려 덕분이다.

불행한 가정은 사랑의 결핍으로 발생한다. 경찰서를 드나드는 문제 청소년들에겐 몇 가지 공통점이 있다. 그중 하나가 칭찬받지 못한 채 청소년기를 보낸 데 있다. 한 살인범의 고백은 오늘의 부모들에게 시사하는 바가 크다.

"나는 부모로부터 칭찬을 들어 본 기억이 거의 없다. 나의 청소년 시절은 온통 꾸중과 질책으로 점철돼 있다. 부모에게 꾸지람을 들을 때마다 나는 마음속에 증오와 복수심을 품어 왔다. 부모의 독설과 꾸중이 나를 문제아로 만들었다."

행복한 가정에는 칭찬과 격려의 말이 많다. 칭찬과 격려를 받고 자란 자녀는 사랑의 사람이 된다. 이 모든 것은 부모와의 많은 대화로 인한다.

대화의 잡음을 제거해야 한다

대화할 때마다 잡음이 발생한다. 잡음은 제거해야 한다. 함규진은 『조약의 세계사』에서 인간의 역사에는 숱한 전쟁이 있었지만 무기를 내려놓고 지낸 시간이 훨씬 긴 이유를 다음과 같이 제시한다.

"싸움보다 대화로 문제를 해결하려는 노력이 있었기 때문이다."

대화로 문제를 해결하려 했기에 세상에 평화가 왔다. 평화 속에 전쟁은 일종의 잡음이다. 대화도 마찬가지이다. 대화에도 잡음이 있다. 행복해야 할 대화에서 잡음이 생기는 이유는 세 가지이다.

첫째, 대화를 독점하려 하기 때문이다.

둘째, 독선적으로 대화하려 하기 때문이다.

독선적으로 대화하는 사람은 자기주장을 굽히지 않고

자기 생각만 맞다고 주장한다.

셋째, 독설 내뱉기를 주저하지 않는다.

그런 사람은 '절대로', '반드시', '기필코'라는 단어 사용을

주저하지 않는다.

대화에는 잡음이 있다. 할 수 있다면 대화의 잡음을 제거해야 한다. 대화의 잡음을 제거한 사람과 대화의 잡음을 제거하지 않은 사람의 차이는 크다.

이순신 장군은 대화의 잡음을 제거했다. 원균은 대화의 잡음을 제거하지 않았다. '이청득심'(以聽得心)이란 말이 있다. '듣는 것으로 마음을 얻는다'라는 뜻이다. 이순신 장군은 1591년 전라 좌수사로 부임하면서 서재 운주당(運籌堂)을 둘러싼 대나무를 다 베고 주변을 개방해 찾아오는 이들과 널리 대화하며 경청했고, 이를 통해 바다와 물길을 배워 승리할 수 있었다. 반면, 원균은 부임 후 운주당

을 대나무 숲으로 두르고 소통을 막아 정보가 차단됐고, 결국 패전하고 말았다. 그는 대화의 잡음을 제거하지 못한 어리석음을 보여준다.

사랑이 넘치는 행복한 가정을 만들려면 대화의 잡음을 제거해야 한다. 프란치스코 교황이 조언한 '행복해지는 열 가지 방법' 중 한 가지가 바로 잡음을 제거하는 것이었다. 그는 "밥 먹을 때 TV를 끄고 대화하라"라 조언했다. 그가 제시한 열 가지 중 몇 가지는 '관대해져라, 느리게 살아라, 일요일은 가족과 함께 쉬어라'이다.

그가 강조했듯이 가정에서 TV는 대화 잡음의 앞잡이다. TV만 꺼도 가정에는 대화의 장이 만들어진다.

지중해 사람들은 한두 시간은 느긋하게 대화하며 식사를 즐긴다. 그들은 대화의 잡음을 제거한 상태로 충분히 대화하며 식사를 즐긴다. 대화의 잡음을 제거한 삶이 지중해 사람들을 행복하게 만들었다.

대화에서 발생하고, 발생할 수 있는 잡음을 제거해야 한다. 특히, 하나님과의 대화를 방해하는 잡음을 제거해야 한다. 대화의 잡음을 제거함으로 하나님의 사랑이 넘치는 가정을 만들어야 한다.

Chapter 2

경 청 이
대 화 의
시작이다

Up 대화가
인생을
시킨다

귀가 입보다
앞서야 한다

1

경청이 대화의 시작이다

나웅준은 『퇴근길 클래식 수업』에서 협주곡을 설명하기 위해 소통, 협력, 배려, 경청의 중요성을 강조한다.

"지금 우리나라에서 가장 중요하게 부각되는 단어는 바로 '소통'과 '협력'이다. 초등학교 교육 현장에서는 '경청'과 '배려'를 강조하고 필요에 따라서 건강한 경쟁 역시 중요하게 생각한다. 이 모든 것이 잘 어우러졌을 때 우리는 비로소 건강한 사회, 혹은 이상적인 사회라고 말한다. 이는 건강한 환경을 위해 모든 분야에서 필요한 요소지만 음악에서는 더더욱 중요하다. 소통, 협력, 경청, 배려. 이 단어들을 무대에서 음악으로 보여주는 음악 형식이 바로 '협주곡'이다."

협주곡이 되기 위해 필요한 것이 경청이다. 대화에서도 협주곡이 되려면 경청을 잘해야 한다. 경청할 때 대화는 협주곡처럼 아름답게 조화를 이룬다. 아름다운 대화의 시작은 경청으로부터 된다. '말하기'가 대화의 시작이 아니다. 잘 듣는 경청이 대화의 시작이다. 경청이 대화의 시작이기에 올바른 경청의 자세를 가져야 한다. 김익한은 『거인의 노트』에서 올바른 경청을 이렇게 정의한다.

"올바른 경청은 '주고받는 대화'를 위한 사전 작업이기도 하다. 듣는 것을 넘어 상대의 말을 신중하게 받아들이고 이해하고 내 안에서 소화해야 공감하거나 내 의견을 더할 수 있기 때문이다."

토크쇼의 황제 래리 킹은 "훌륭한 화자가 되기 위해서는 먼저 훌륭한 청자가 돼야 한다. 상대의 말을 주의 깊게 들으면 더 잘 응대할 수 있고 내가 말할 차례가 됐을 때 말을 더 잘할 수 있다"라고 했다.

경청이 대화의 시작이다. 사람들과 만나면 서로 대화하려 한다. 어느 때부터인가 대화를 하면 말하는 자가 아니라 경청하는 자가 되기로 했다. 언젠가 교인 몇 명과 대화를 하면서 깨달은 것은 '목회자는 경청하는 자구나!'라는 사실이었다. 그 이후부터는 경청하는 자세로 앉고 경청자가 된다. 교인의 말을 경청하니, 대화 중 교인의 닫힌 마음이 활짝 열린 것을 경험했다. 우울한 기분도 최고로 유쾌해졌다. 깊은 고민의 얼굴이 밝은 얼굴로 바뀌었다. 이처럼 경

대화가 인생을 업(Up)시킨다

청은 최고 대화의 장을 만든다. 경청은 천하보다 귀한 생명의 생각, 삶, 심지어 인생까지도 바꾸어 놓는다.

우리는 다른 사람에게 말을 통해 영향력을 발휘하고자 한다. 유재석처럼 모든 사람의 사랑을 받고 싶어 한다. 하지만 영향력을 발휘하거나 사랑받는 것은 말로 되지 않는다. 듣는 귀인 경청으로 된다.

사람은 말 잘하는 사람을 좋아할까? 내 경험으로는 그다지 좋아하지 않는다. 경청을 잘하는 사람을 좋아한다. 즉, 사람의 마음을 움직이는 것은 다름 아닌 경청임을 알 수 있다. 우리는 말 잘하는 사람을 만나면, 자신도 말을 잘하고 싶어서 다른 사람이 말하는 중에 더 아름다운 말, 더 감동을 주는 말, 더 감격스러운 말을 어떻게 할 것인가를 생각한다. 그러면서 진심이 담긴 경청이 아니라 경청하는 척한다.

우리가 경청의 중요함을 알았다면, 경청하는 사람이 되어야 한다. 경청하면 화자에게 회복과 치유가 일어난다. 삶의 희망을 꿈꾸게 된다. 삶, 신앙생활에서 경청이 중요하다. 우리는 경청의 사람이 되어야 한다. 대화를 잘하는 사람이란 입이 빠른 사람이 아니라 귀가 열린 사람이다.

대화에는 가짜가 있고 진짜가 있다. 말 잘하는 사람은 가짜 대화를 하는 사람이다. 진짜 대화를 하는 사람은 경청하는 사람이다. 누군가에게 할 말이 있다면 먼저 경청부터 해야 한다. 경청할 이유가 선명하기에 그렇다. 신영란과 김석준은 『마음을 열어주는 공감대화법』에서 경청해야 하는 이유를 다음과 같이 정리했다.

첫째, 자신의 성장에 도움이 된다.
둘째, 납득시키는 포인트를 발견할 수 있다.
셋째, 남에게 호감을 받는다.
넷째, 상대방의 마음을 알 수 있다.
다섯째, 대응이 가능해진다.

강원국은 『강원국의 결국은 말입니다』에서 "잘 듣기 위해서 다음 네 가지를 신경 쓴다"고 한다.

첫째, 상대가 하는 말의 줄거리를 몇 개 단어로 정리하며 듣는다. 여력이 있으면 상대방 말의 주제, 즉 전하고자 하는 메시지가 무엇인지 파악하며 듣는다. 그리고 인상적인 대목에 밑줄을 긋기도 한다.

둘째, 의중을 헤아리며 듣는다. 표면적인 말만 아니라 그렇게 말하는 이유와 배경, 목적을 파악하며 듣는다. 흘려듣는 '히어링'(hearing)이 아니라 새겨듣는 '리스닝'(listening)으로 듣는다. 말만이 아니라 표정과 손짓을 보면서 진짜 하고 싶은 얘기가 뭔지 파악하려고 애쓴다. 그러다 보면 속내나 심경을 알 수 있다. 잘 모르겠으면 묻기도 한다.

대화가 인생을 업(Up)시킨다

셋째, 맞장구치며 듣는다. 귀로만 듣는 것이 아니라 눈을 마주치고 고개를 끄덕이며 입으로 추임새를 넣어 가며 듣는다. 적극적으로, 리듬을 타면서, 탄력 있게 말이다. 물론, 지루하고 답답할 수도 있다. 그럴수록 "그래서 어떻게 됐죠?"라던가 "이랬다는 얘기죠?"라며 더 강하게 호응하고 반응을 유도한다.

넷째, 내가 할 말을 준비하며 듣는다. 그래야 말을 이어 갈 수 있기에 그렇다.

강원국은 이때 두 가지를 조심하라고 한다. 하나는 딴생각하는 것이다. 속으로 할 얘기를 준비하다가 아내에게 이런 말을 자주 듣는다. "당신 내 말 듣고 있어?" 듣고 있다고 하면 다시 다그친다. "내가 방금 뭐라고 그랬어. 말해 봐."

경청의 1단계는 귀가 입보다 앞서는 것이다. 귀가 입보다 앞설 때 최고의 대화인 경청의 장이 만들어진다.

경청하지 않으면 끼어들려고 한다

다른 사람의 말에 경청해야 한다. 경청하지 않으면 끼어들 생각만 한다. 틈만 나면 대화에 끼어들려는 사람이 있다. 이런 사람은 끼어드는 것을 대단한 스킬로 오해한다. 끼어들기는 대단한 스킬이 아니라 대단한 착오다.

끼어들기는 경청하지 않는 사람이 한다. 우리는 끼어들려고 하기보다는 경청하려고 해야 한다. 경청하면 많은 것을 배울 수 있다. 경청하려면 '1: 2: 3' 대화의 원칙으로 대화해야 한다. 대화의 원칙 '1: 2: 3'은 이런 것이다.

첫째, 1분 동안 말을 했다면 둘째, 그 두 배인 2분 동안은 귀를 기울여 듣고 셋째, 그 2분 동안에 최소한 세 번은 맞장구를 쳐야 한다. 1분 동안 말을 한 뒤, 그 두 배인 2분 동안은 귀를 기울여 들어야 한다. 듣는 도중에 말하기 위해 끼어들면 안 된다.

하브루타를 공부할 때 지켜야 할 규율이 있다. 그중 한 가지가 '다른 사람의 이야기 도중에 끼어들지 않는다'이다. 물론, 부득이하게 끼어들 때가 있다. 갑자기 생각난 말을 잊지 않기 위해서이다. 그러나 되도록 대화 중 함부로 끼어들지 않아야 한다. 끼어들기 하지 않으려면 다음의 세 가지를 참아야 한다.

첫째, '나도 말 좀 하자'며 끼어들고 싶은 욕구이다.
둘째, '내 생각은 그렇지 않은데?'라며 반론하고 싶은 충동이다.
셋째, '그건 너의 오해야' 하며 변론하고 싶은 마음이다.

끼어들지 않고 자기 차례가 되어 말하면 그 말에 빛이 난다. 다른

대화가 인생을 업(Up)시킨다

사람도 나의 대화에 끼어들지 않고 경청하기 때문이다. 내가 경청을 잘하면 다른 사람도 내 말에 경청한다. 강원국은 『강원국의 결국은 말입니다』에서 "손바닥도 부딪혀야 소리가 나듯이, 내가 들어줘야 상대도 잘 들어준다"며 경청의 법칙을 제시했다. 내가 먼저 들어주면, 호감이 생겨 내 말을 더 잘 들어주게 된다.

대화에서 호감을 주는 사람과 비호감을 주는 사람이 있다. 비호감을 주는 사람은 경청을 소홀히 하는 사람이다. 끼어들기 하는 순간만 포착하려는 사람이다. 호감을 주는 사람은 경청을 자신의 사명으로 아는 사람이다. 경청만 잘해도 대화의 80퍼센트는 성공한 것이라고 한다. 대화에서 실패하지 않고 성공해야 한다. 성공적인 대화는 끼어들지 않는 데서 출발한다.

경청 시 시선과 자세는 상대방을 향해야 한다

"바른 경청이란, 자신을 열어 두고 상대의 이야기를 진심으로 듣는 것에서 시작된다. 그런 경청이야말로 듣는 이의 인간적 품위를 보여주는 기품 있는 자세다."

유정임이 『말과 태도 사이』에서 한 말이다. 그녀는 우리에게 바른 경청을 하라고 한다. 그녀가 이를 강조하는 이유는 경청이 한 사람을 평가하는 잣대가 되기에 그렇다.

바른 경청을 하려면 두 가지 덕목이 필요하다. 하나는 시선이고, 다른 하나는 자세다.

먼저, '시선'이다. 시선은 화자를 향해 있어야 한다. 청자의 시선이 화자에게 향하지 않으면 화자는 말하는 것을 멈추고 싶다. 우리는 경청할 때 상대방의 눈을 향해 마주하며 차분히 바라봐야 한다. 이때 시선은 따뜻해야 한다. 부드러운 눈길이어야 한다. 웃음을 띤 시선이어야 한다. 시선이 화자를 향해 있다는 것은, 화자의 어떤 이야기이든 받아들일 수 있는 준비를 마쳤다는 신호이다.

개는 늘 주인이 쳐다보는 쪽으로 눈이 가 있다. 이것은 개의 경청 시선이다. 우리도 개처럼 화자가 말하는 쪽으로 시선이 가 있어야 한다.

다음으로 '자세'이다. 장차오는 『마음을 사로잡는 말 센스의 비밀』에서 경청의 기술을 터득하고 싶다면 다음의 세 가지를 기억해두라고 한다.

첫째, 사전 준비이다. 상대의 말을 잘 들으려면 경청하는 태도가 필요하다. 먼저 휴대폰을 잠시 넣어두고 시선을 집중시킨다. 물리적인 거리뿐 아니라 심리적으로도 상대와 거리를 좁히는 노력이 필요하다.

둘째, 세부 사항과 접속사까지 귀담아들어야 한다. 사람들이 놓치기 쉬운 부분까지 들을 수 있다는 자신감이 있으면 정말 그렇게 할 수 있다. 접

대화가 인생을 업(Up)시킨다

속사를 통해서도 상대의 의도를 알아낼 수 있다. 접속사 사용법에는 여러 가지가 있는데, 대부분의 사람은 대화를 나누거나 사람들과 상호작용하는 과정에서 자연스럽게 앞뒤 논리에 따라 그것을 사용한다. 그런데 만일 어색하게 사용했다면, 귀를 쫑긋 세우고 잘 들어서 상대의 원래 의도를 파악해야 한다.

셋째, 경청하면 상대의 마음을 읽을 수 있다. 이서정은 『이기는 대화』에서 "감정은 전염된다"고 했다. 그런데 감정만 전염되는 것이 아니라 시선과 자세도 전염된다. 대화하려면 자세가 중요하다. 온유한 마음으로 듣겠다는 자세로 임해야 한다.

손흥민 선수가 토트넘 주장이 되고, 세계적인 축구 선수가 될 수 있었던 이유를 아버지 손웅정은 『모든 것은 기본에서 시작한다』를 통해 "축구에 임하는 태도와 자세"라고 밝혔다. 손웅정은 운동 능력이라는 재능을 뒷받침해 줄 '성실한 태도'와 '겸손한 자세'가 겸비되어야 한다고 한다. 대화에서도 자세가 중요하다. 화자가 하는 말을 따뜻한 시선으로 듣겠다는 자세 말이다.

경청하면 맞장구가 뒤따른다

대화 중 끼어들기를 하면 말이 끊긴다. 반면, 경청하면 화자는 신명 나게 말한다. 화자가 신명 나면 다음 단계로 넘어가야 한다. 그것은 바로 '맞장구치기'이다. 경청하면 맞장구치는 것이 뒤따른다. 경청은 잘 들어주는 것에서 그치지 않고 맞장구를 쳐주는 데까지 이어진다.

최고의 MC인 유재석은 맞장구를 잘 쳐주는 것으로 정평이 나 있다. 그는 호탕하게 웃으면서 손뼉을 치며 맞장구를 친다. 그러면 화자는 더 신명 나게 말하기 시작한다. 신영란과 김석준도 『마음을 열어주는 공감 대화법』에서 대화에서 맞장구가 있어야 함을 강조한다.

"적극적으로 의사 전달에 참여하기 위해서는 조용히 앉아만 있어서는 안 된다. 맞장구도 치고, 재미있으면 웃고, 필요하면 메모도 하는 등 열심히 경청하는 모습을 보여주어야 한다. 그것만으로도 이야기하는 사람에게 진정한 의미의 커뮤니케이션이 이루어지고 있다는 기쁨을 갖게 하는 것이다."

진심이 담긴 경청은 맞장구치기로 진심 어린 대화로 발전한다. 이때 맞장구는 손뼉만 쳐주는 것이 아니다. 대꾸를 잘하는 것도 맞장구이다. 화자가 말을 이어 가다가 질문하게 될 때가 있다. 그럴 때 대부분 고개만 끄덕인다. 그중 한 사람은 소리를 내서 "맞습니다", "좋네요", "네" 등으로 대꾸한다.

화자가 질문하는 이유는 청자가 잘 들었는지를 파악한 뒤, 대화

대화가 인생을 업(Up)시킨다

의 밀도를 높이고 싶어서이다. 그러므로 대화할 때 경청을 잘해야 한다. 그리고 맞장구도 쳐야 한다. 경청을 잘하지 않으면 '이토벤'이 된다. 조신영과 박현찬이 쓴 『경청』에는 이런 글이 있다.

"현악기 제조회사 과장의 별명은 '이토벤'이다. 기분 나쁘지 않은 별명이다. 베토벤 음악을 좋아해서일까? 곱슬머리가 베토벤과 비슷해서일까? 진짜 이유는 청각장애우처럼 남의 말을 듣지 않아서이다. 듣는 척하지만 언제나 과장의 입장에서 결론을 내리므로 후배들이 같이 일하기 싫어서 붙여진 별명이다. 남의 말을 듣지 않아서 붙여진 비꼬는 별명이다."

그는 경청하지 않는다. 베토벤은 진짜 귀가 먹었지만, '이토벤'은 경청하지 않아 마음의 귀를 닫았다. 우리는 맞장구를 쳐주지는 못할지언정 '이토벤'은 되지 말아야 한다. 경청하면 맞장구는 자연스럽게 이어진다.

맞장구치는 것도 일종의 표현이며 듣는 기술이다. 애정으로 상대방의 이야기를 경청하며 맞장구를 치면 상대는 신나게 대화한다. 맞장구란 우리나라 전통 악기인 장고를 두 사람이 마주 보고 흥겹게 치는 것을 일컫는다. 둘이 장구를 치면, 혼자 치는 것보다 훨씬 흥겹고 듣는 사람들도 몇 배 신명 난다. 대화할 때 맞장구를 치면,

상대는 신명 나서 당신과 대화하는 것을 즐거워한다.

듣는 것이 말하는 것의 두 배여야 대화가 이루어진다

경청하는 시간은 말하는 시간의 두 배여야 한다. 이것은 경청이 어떠해야 하는가를 말해준다. 경청은 잘 듣는 것으로 그치지 않고 말하는 시간보다 두 배 더 많이 투자해야 한다.

철학자 에픽테토스는 "사람의 귀가 두 개, 입이 한 개인 이유는 말하는 것보다 두 배를 더 들으라는 뜻이다"라고 했다. 『탈무드』에서는 "귀는 친구를 만들고 입은 적을 만든다"라고 교훈한다. 귀가 친구를 만든다면, 적을 만드는 입이 아니라 친구를 만드는 귀를 두 배가 되게 해야 한다.

하나님께서 사람을 지으실 때 귀는 두 개, 입은 하나로 만드셨다. 이렇게 만드신 것은 잘 들을 때 행복한 대화의 장이 됨을 아셨기 때문이다. 하나님은 듣기를 잘하신다. 우리에게 기도하라고 하신 것은 듣겠다는 하나님의 생각이다. 이를 안다면 우리도 하나님의 뜻에 따라 말하기보다 듣기에 두 배의 시간을 들여야 한다.

듣기가 말하기보다 두 배여야 하는데, 사람은 듣기를 말하기보다 힘들어한다. 말하면 크게 신경을 곤두세우지 않으므로 신나게 할 수 있지만, 경청할 때는 온 마음을 쏟아야 하기 때문이다.

경청에는 '이청득심'이 필요하다. 이청득심은 온 마음을 집중하여 듣는 것을 말한다. 이청득심으로 들으면 자신의 입장과 형편, 이야기하고 싶은 내용들을 내어놓을 수 있게 해준다. 경청하려면 먼저 에너지를 비축해 놓아야 한다. 자기보다 상대방에 대한 사랑과 배려를 할 수 있는 에너지를 말이다.

경청은 리더의 덕목이다

"그와의 대화는 참 좋다."

이 말은 영화 〈매디슨 카운티의 다리〉에 나오는 유명한 대사이다. 이 대사는 경청을 잘하는 사람에게 붙어야 할 수식어이다. 그리고 또 하나의 수식어가 붙어야 한다. '당신 참 좋다'이다. 경청을 잘해 주면 저절로 '저 사람이 참 좋다'가 된다. 반면, 경청을 잘하지 못하면 위기를 만날 수 있다. 다음은 영화 〈랜드 오브 배드〉의 스토리이다.

라스베이거스 공군 기지의 드론 조종사 리퍼는 델타 포스의 특수 작전 지원 임무를 맡는다. 슈가 상사와 아벨 병장이 이끄는 티어-원 팀은 사라진 CIA 요원을 찾아 홀로 섬을 정찰하는 임무를 맡는다. 이 위험천만한 구출 작전에는 미숙한 JTAC 요원 키니와 전

투로 단련된 군인 비숍이 투입된다. 티어-원 팀은 필리핀의 외딴섬에서 전면전을 펼치지만 다른 요원들이 죽는다. 합류한 드론 조종사 키니는 정글에 갇힌다. 공군 기지는 키니가 전사한 것으로 추정하면서 섬에 폭탄을 터트리기로 결정한다.

통제관 리퍼와 드론 조종사 키니는 교신으로 15분마다 세 차례에 걸쳐 미사일로 적의 방공호를 공격하기로 합의한다. 총 세 번의 공격 중, 두 번은 15분 간격으로 위협을 주는 공습이다. 마지막 15분 뒤의 공격은 실제 공격이다. 이제 마지막 공격만 남았다. 마지막 공격은 적의 기지를 섬멸하는 최후의 폭격기까지 동원되는 공격이다.

통제관 리퍼는 상관의 명령에 따라 할 수 없이 통제관실을 벗어나야 했다. 벗어나기 전, 통제관실에 있는 군인들에게 전화를 꼭 받으라고 신신당부한다. 통제관실을 벗어난 리퍼는 곧 출산을 앞둔 아내를 위해 마트에서 장을 본다. 통제관실에는 부대 지휘관을 위시한 모든 통제관이 미국 프로농구 경기를 관람 중이다. 그들은 프로농구 경기를 관람하는 데 방해된다고 통제관실의 전화기를 내려놓기까지 한다.

이제 마지막 폭격만 남겨둔 상황에서 작전 현장에 있는 키니는 급박하게 함께 간 한 요원, 구출한 CIA 요원과 함께 탈출한 뒤, 통제관실에 공격을 멈춰 달라고 전화를 건다. 당시 함께 있던 지휘관인 대령은 병장에게 전화를 받으라고 한다. 병장은 농구 경기에 온통 정신

대화가 인생을 업(Up)시킨다

이 빠져 있어 키니의 말을 제대로 듣지도 않고 전화를 끊어 버린다.

통제관실의 군인들은 리퍼의 말을 경청하지 않았다. 위험한 구출 현장에서 임무를 수행 중인 키니의 말도 경청하지 않았다. 키니는 폭격기에 의해 죽을 위기이다.

키니는 급박하게 리퍼에게 전화를 한다. 리퍼도 통화 중이다. 슈퍼에서 장을 보던 리퍼와 연락이 닿는다. 전화 통화 뒤 리퍼는 공군기지로 달려와 1초를 남기고 폭격기 조종사에게 공격 중지 명령 전달에 성공한다.

전달을 마친 리퍼가 통제관실로 간다. 그곳의 전화는 공의로 꺼져 있는 상태다. 이를 본 리퍼는 미국 프로농구 경기를 관람하고 있는 통제관실의 텔레비전을 골프채로 내리쳐 부순다. 그리고 통제관 생명의 중요성을 인지하라고 큰 소리로 외친다.

이 영화는 경청의 중요성을 단적으로 보여준다. 즐거운 프로농구에 정신 팔려 경청하지 않는 상태의 위험성을 보여준다. 이 영화는 그렇게 경청하지 않으면 사람의 생명까지 위험에 빠진다는 메시지를 남긴다. 이처럼 경청하지 않으면 누군가의 생명까지 위험에 빠뜨릴 수 있다. 반대로 경청하면 죽을 목숨도 살릴 수 있다.

경청은 리더의 가장 중요한 덕목 중 하나다. 이지성은 『에이트 씽크』에서 IBM 창업자인 토마스 왓슨의 인문학적 경청을 말한다. 토마스 왓슨이 설계한 IBM의 씽크(Think) 다섯 가지는 다음과 같다.

첫째, 독서하라.

둘째, 경청하라.

셋째, 토론하라.

넷째, 관찰하라.

다섯째, 생각하라.

이 중 하나가 경청이다. 경청이 리더의 덕목인 것이다. 경청하는 리더에게는 '당신 참 좋다'는 수식어가 붙는다. 리더는 '덕'(德)을 갖춰야 한다. 21세기 리더의 덕은 다름 아닌 경청이다. 정진홍은 『인문의 숲에서 경영을 만나다 2』에서 군주에 관해 이렇게 말한다.

"군주는 경청할 줄 알아야 한다. 경청은 리더의 가장 중요한 덕목 중 하나이다. 자신의 생각과 다른 생각을 듣기 때문에 영명해지는 것이고, 자기 생각을 고집하고 듣지 않으려 한다면 아무리 똑똑한 리더라도 편협해지고 바보가 되는 것이다."

『성공하는 사람들의 7가지 습관』의 저자 스티븐 코비는 이렇게 말한다.

"성공하는 사람과 성공하지 못하는 사람의 차이는 경청하는 습관이다."

대화가 인생을 업(Up)시킨다

경영 전문가 공병호도 "경청하지 못하는 사람은 십중팔구 공감하기 어렵다. 이뿐만 아니라 경청하는 능력은 실수나 오해를 방지해 주고, 인간 사이에 신뢰나 신용이라는 자산을 축적해 준다"고 했다. 이처럼 진정한 리더는 경청을 잘해야 한다.

한 조사에 따르면 '말로 이뤄지는 의사소통의 75퍼센트가 무시되거나 오해되고 그 즉시 잊힌다'고 한다. 따라서 의사소통의 질을 높이는 데 필요한 것이 바로 경청이다.

그리스도인은 하나님의 대사이다. 하나님 나라의 리더이다. 하나님 나라 리더인 그리스도인은 경청을 잘해야 한다. 세상은 경청의 덕을 지닌 리더를 찾기 때문이다.

'역지사지'(易地思之)의 마음을 지녀라

경청을 잘하려면 귀가 입보다 앞서야 한다. 다음으로 마음이 귀보다 앞서야 한다. 경청을 잘하기 위해서 가질 마음은 '역지사지'이다. 역지사지에서 '역'(易)은 '바꾸다, 고치다, 새롭게 하다'라는 뜻이다. '지'(地)는 '처해있는 형편'이다. '사'(思)는 '마음, 생각, 뜻'이다. 그러니까 '역지사지'란 '상대방의 입장에서 생각한다'는 뜻이다. 즉, '상대방의 마음을 살피는 것'이 역지사지이다.

더 나아가 상대방의 마음을 살피는 것이 '공감'이다. 사람들은 생

대화가 인생을 업(Up)시킨다

각이 같거나 같이 울어주는 것을 공감이라고 생각하는 것 같다. 조한겸은 『사랑받는 대화법』에서 "생각이 같다고 공감이 아니며 울어준다고 공감이 아니다"라고 말한다. 공감은 마음과 마음의 나눔이 이루어진 상태이다.

공감하면 말을 잘하게 된다. 공감에는 경청이 전제된다. 소크라테스는 "말을 잘하는 최고의 비결은 그 사람의 언어로 말하는 것이다"라고 했다. 그 사람의 언어로 말한다는 것은 경청을 잘한다는 뜻이다.

경청은 내 마음으로부터 시작되지 않는다. 상대방의 마음을 헤아림으로부터 시작된다. 즉, 역지사지 마음으로 시작하는 것이 경청이다. 역지사지의 마음을 지니는 것은 말처럼 쉽지 않다. 상대가 품은 속마음, 처해있는 상황이나 배경을 가늠하는 것도 결국 '나'이지 않은가? 특히, 내가 살아보지 못한 사람의 입장에 서 보는 것은 아주 어렵다.

장정빈은 『공감이 먼저다』에서 "나와 상대의 입장과 상황을 바꿔 생각하는 역지사지는 소통과 공감의 핵심 비결이다"라면서 소통과 공감의 핵심이 바로 '역지사지'임을 밝힌다.

나의 입장과 상대방의 입장을 바꿔서 생각하는 것은 쉽지 않다. 이는 경청을 잘할 때 가능하다. 즉, 역지사지의 필수 조건은 경청이다.

나는 독선적인가? 자문자답해 보자. 독선이 강하면 남의 말을 들지 못한다. 역지사지 마음을 갖지 못한다. 역지사지의 마음을 가지려면 독선을 버려야 한다.

이런 말이 있다. "행복해서 웃는 것이 아니라, 웃으니까 행복하다." 내 마음은 경청이 잘 안 되지만 역지사지 마음이라면 가능하다. 그러므로 참다운 대화를 하려면 역지사지 마음이어야 한다.

역지사지는 소통과 공감의 핵심이다. 그러니 역지사지를 다른 말로 표현한다면 '공감하기'라고 할 수 있다. 경청의 2단계를 이루려면 공감해야 한다. 송길원은 『말, 3분이면 세상을 바꾼다』에서 "설득하려 들지 말고 공감해야 한다. 거기에는 치유가 이루어진다"라고 했다.

정혜신 역시 『당신이 옳다』에서 "공감이 마음을 움직이고 치유한다"며 "사람의 마음을 움직이는 힘, 상처 입은 마음을 치유하는 힘 중 가장 강력하고 실용적인 힘이 공감이다"라고 썼다.

우리는 역지사지하기 위해 마음을 써야 한다. 개그맨 박명수가 이런 말을 했다. "늦었다고 생각될 때면 진짜 늦은 것이다."

역지사지 마음도 진짜 늦을 수 있다. 우리는 늦기 전에 역지사지 마음을 가져야 한다. 대화할 때마다 입장 바꿔 생각하는 법을 배우고 연민의 시선으로 사람들의 마음에 다가가는 법을 익혀야 한다.

'역지감지'(易地感之)의 마음을 지녀라

마음이 귀보다 앞서려면 가져야 할 두 번째 마음은 '역지감지'다. 역지사지가 이성적이라면, 역지감지는 감성적이다. 역지사지가 상대방의 마음 살피기라면, 역지감지는 상대의 마음을 함께 느끼는 것이다. 역지감지는 상대를 이해하고 내가 취할 행동을 정하는 데 있어 중요하다. 이 역지감지는 사회성과 밀접한 관련이 있다. 배우 송강호에게 이런 질문을 했다.

"배우로서의 힘은 어디서 나오나요?"

그는 "내가 극중 인물을 얼마나 진심으로 대하느냐에 달렸다"고 답했다. 그는 극중 인물의 마음을 함께 느끼기에 한국 최고의 배우 중 한 명이 된 것이다. 배우 송강호가 가진 이런 마음이 역지감지다.

배우만이 아니라 우리도 역지감지를 가져야 한다. 특히, 대화에서 역지감지를 가져야 한다. 역지감지를 갖지 않고 대화하니 사람들이 내 마음도 모른다거나, 딴소리한다고 한다.

내 마음도 알기 힘든데 다른 사람의 마음까지 알기는 어렵다. 다른 사람의 마음까지 아는 것이 어려우니 더 역지감지 마음을 갖고자 노력해야 한다.

상대의 마음을 함께 느끼는 것이 역지감지이다. 역지감지의 사람은 상대의 감정부터 살핀다. 감정을 살피니 상대를 더 잘 이해한다. 이해했기에 차후에 내가 취할 행동까지 정한다.

　공감하는 대화를 하려면 역지감지해야 한다. 역지감지하면 상대를 쉽게 내 사람으로 만들 수 있다. 상대를 내 편으로 만드는 데, 딱 네 단어가 필요하다고 한다. '똑똑하다', '멋지다', '대단하다', '좋다'이다. 이 네 단어를 자주 말해 주는 사람을 싫어하는 사람은 없을 것이다. 즉, 역지감지 마음을 지닌 사람을 거절할 사람은 없다.

　그리스도인은 신앙생활하면서 엄청난 대화를 한다. 대화를 할 때마다 역지감지로 임해야 한다. 역지감지로 대화하지 않으면 상대의 마음을 헤아리기보다는 판단과 비판 그리고 잘못된 행동의 지적이 나도 모르게 나온다.

　역지감지를 가진 사람은 상대의 말을 잘 들어준다. 말을 잘 들어주면 호감을 얻는다. 조 지라드는 『대화의 기술』에서 상대의 말을 잘 들어주라고 한다.

　"상대의 이야기를 들어주는 것만으로도 동료나 상사로부터 고마움을 느끼며 호감을 얻게 되고 신뢰를 얻게 된다."

　실제로 상대의 이야기를 들어주는 것만으로도 동료나 상사로부터 고마움을 느끼며 호감을 얻고 신뢰를 받는다. 그렇다면 우리가 갖출 것은 명징하다. 바로 역지감지이다.

　역지사지 마음을 가져도 경청을 잘한다고 했다. 마찬가지로 역지감지의 마음을 지녀도 경청을 잘한다. 경청을 잘하면 상대로부터 호감과 신뢰를 얻는다. 조 지라드는 『대화의 기술』에서 상대의 이야기를 잘 들어주는 첫 번째 방법으로 "대화의 주제를 상대에게 맞추라"고 조언한다. 즉, 경청의 자세를 가지라고 한다. 그렇다면, 조 지라드가 제시하는 역지감지의 대화법에는 어떤 것들이 있을까?

"바쁘실 텐데, 항상 건강하시네요.", "최근에 여행 다녀오셨어요?" 등이다. 우리는 이런 대화를 종종 한다. 이런 대화를 상대의 마음을 헤아리면서 하면 역지감지의 마음을 가진 것이다. 이처럼 역지감지로 대화하면 대화가 술술 풀린다. 대화한 사람과 좋은 관계를 맺는다.

역지감지의 사람이 되는 비결이 있다. 질문을 잘하는 것이다. 거짓되고 성의 없는 질문이 아니라 진실된 질문 말이다. 세계적 전략 컨설턴트인 앤드류 소벨과 제럴드 파나스는 『질문이 답을 바꾼다』에서 우리에게 더 나은 질문법을 제시해 준다. 경영학의 아버지인 피터 드러커를 포함해 수백 명의 성공한 인사들을 찾아다닌 결과, 그들은 좋은 질문에는 대답보다 훨씬 더 강한 힘이 있다는 사실을 발견했다. 그리고 좋은 질문 요령을 제시했다.

첫째, 집중하기
둘째, 나로부터 시작하기

좋은 질문을 하려면 상대의 마음을 느끼며 집중해야 한다. 리상룽은 『1시간에 끝내는 대화의 기술』에서 스티븐 잡스는 여전히 집중하고 '나'의 관점에서 질문한단다. 스티브 잡스가 직원에게 한 질문은 "이게 최선인가요?"다. 이 질문이 애플을 세계적인 기업으로 만들었다.

헨리 소로가 월든 호수 옆 오두막에서 『월든』을 집필할 때 쓴 일기의 내용은 이렇다.

"오늘 무엇보다 가장 기뻤던 일은 누군가 내 생각을 묻고 내 대답을 진심으로 들어줬다는 것이다."

우리는 대화할 때마다 자신에게 질문해야 한다.

'상대의 마음을 느끼며 대화하는가?'

역지행지(易地行之)의 마음을 지녀라

행동 없이는 변화도 없다. 상대의 입장에서 생각하고, 느끼는 것만으로는 아무 일도 일어나지 않는다. 역지감지, 즉 감정에는 공감해도 행동에는 동의하지 않을 수 있으므로 역지행지까지 나가야 한다.

어떤 변화를 만들어 내려면 행동밖에 없다. 정혜신은 『당신이 옳다』에서 "공감은 그 문고리를 돌리는 힘이다"라고 한다. 행동으로 연결되는 경청이 진짜 경청이라고 한다. 우리가 역지사지, 역지감

대화가 인생을 업(Up)시킨다

지를 갖추었더라도 행동하는 역지행지로 이어지지 않으면 진정한 경청의 태도를 갖출 수 없다.

결과를 만들려면 반드시 행동이 뒤따라야 한다. 말로는 경청의 달인이 될 수 있다. 그러나 실제적으로 경청의 달인이 되기는 어렵다. 경청의 사람이 되려면 역지사지, 역지감지에서 역지행지까지 가야 한다. 역지행지가 사람과의 대화, 공감, 쌍방소통을 완성시키는 유일한 방법이다.

대화는 이론이 아니라 실제다. 에머슨은 "말도 행동이고 행동도 말의 일종이다"라고 했다. 김도인은 『설교는 글쓰기다』에서 역지행지까지 나아가라고 한다.

"지금이 공감의 시대다. 공감이 사람을 움직인다. 인간은 이성이 아니라 감정에 반응한다. 공감은 '역지사지'에서 '역지행지'까지 나아가야 한다."

사람만 역지행지하지 않는다. 살만한 세상이 되려면 기업까지 역지행지해야 한다. 빅테크 기업인 페이스북, 트위터, 틱톡 등은 역지행지가 없다. 그들은 삶의 질을 높여야 한다는 무수한 사람의 말을 경청하지 않는다. 오로지 이익만 추구한다.

요한 하리는 『도둑맞은 집중력』에서 페이스북을 향해 돈만 쫓는 것을 멈추라고 충고한다.

"페이스북은 우리가 화면으로 페이스북을 들여다보는 시간만큼 돈을 벌며, 우리가 화면을 내려놓을 때마다 돈을 잃는다."

그들은 돈을 벌기 위해 사람들을 혼돈에 빠뜨린다. 페이스북은 사람들의 일생과 인생을 생각해서가 아니라 최대한 정신을 산만하게 만들도록 설계해 이익을 추구한다. 사람의 인생을 불행하게 만들 수 있는 핸드폰을 내려놓지 않도록 한다. 그들이 만들어내는 알고리즘으로 결국 사회의 토양까지 망가뜨린다. 요한 하리는 이런 페이스북의 생태계가 우리가 가장 사랑하는 사람들을 완전히 망가뜨린다고 말한다. 아름다운 세상이 되려면 빅테크 기업들의 역지행지가 시급하다. 그들 기업에게는 돈보다는 사람의 행복과 만족을 추구하도록 기업가 정신의 무장이 요구된다.

빅테크 기업은 역지행지로 선량한 시민들의 말과 삶을 진심으로 경청해야 한다. 그 기업들은 생각을 바꾸려는 역지사지, 마음을 바꾸려는 역지감지에만 충실해선 안 된다. 경청의 역지행지까지 보여주어야 한다.

그리스도인에게도 하나님 나라를 위해 역지행지가 요청된다. 교회의 신뢰도가 수직 추락하고 있다. 수직 추락에서 수직 상승하기 위해서는 역지행지가 시급하다. 교회가 역지행지해야 하는 이유가 있다. 세상은 역지행지하는 사람을 따르기 때문이다.

고대 중국에서는 지위가 높을수록 더 침묵했다. 이것을 '지위 게임'이라고 부른다. 오래 침묵할수록 지위가 더 높은 사람이다. 지위

대화가 인생을 업(Up)시킨다

가 높을수록 어려운 침묵을 행동으로 옮겼다.

통계에 따르면, 행동하는 2퍼센트의 사람이 행동하지 않는 사람 98퍼센트를 지배한다. 이 결과는 역지행지가 어느 정도 중요한가를 증명해 준다. 교회는 행동하는 사람 2퍼센트가 되어야 한다.

우리는 경청해야 한다. 역지행지로 경청해야 한다. 하나님께서는 애굽에서 종살이하는 이스라엘을 광야로 이끄셨다. 역지행지의 한 표본이다. 하나님은 예수님을 십자가에 못 박아 죽이심으로 하나님의 사랑을 확증하셨다. 역지행지의 살아 있는 모본이다. 중국의 군자는 침묵을 행동으로 옮겼다. 교회가 경청에 있어 역지행지해야 한다. 교회가 역지행지하면 세상이 교회를 세상의 답으로 믿고 따를 것이다.

대화는 지혜의 영역이다

대화가 어렵다. 그런데 경청은 더 어렵다. 대화와 경청은 지혜의 영역이기 때문이다. 지혜로운 대화는 영적인 영역에 속한다. 우리는 하나님과 친밀해야 한다. 그렇다면 우리가 하나님과 친밀하다는 것을 어떻게 증명할 수 있는가?

우리는 지혜의 영역에서 하나님과 대화하고 있다. 그러기에 우리와 하나님은 친밀하다. 김범준은 『예쁘게 말하는 네가 좋다』에서

"대화는 지식의 영역이 아닙니다. 지혜의 영역입니다. 대화는 지혜이기에 '지식을 얻으려면 공부해야 하고, 지혜를 얻으려면 관찰해야 한다'라는 말처럼 대화를 위해서는 우선 있는 그대로의 상대방을 관찰할 수 있어야 합니다. 있는 그대로의 모습을 관찰하고 오로지 그것에 대해서만 이야기하는 것. 그것이 우리에게 필요한 대화의 기술입니다"라며 지혜의 영역으로서의 대화를 강조한다.

대화가 지혜의 영역이라면, 지혜를 가진 사람은 대화하기 전에 먼저 화자를 관찰부터 한다. 지혜로운 대화자는 다른 사람과 대화하기 전에 관찰자의 자세를 갖는다. 자기 개발의 아버지라고 불리는 데일 카네기는 타인에게 관심을 가지라고 한다. 곧 다른 사람을 관찰하라며 다음과 같이 말했다.

"2년간 타인이 당신에게 관심을 가짐으로 친구가 된 것보다 두 달 동안 당신이 타인에게 관심을 가짐으로 더 많은 친구를 만들 수 있다."

우리는 다른 사람에게 관심을 갖고 관찰해야 한다. 다른 사람에게 관심을 갖고 관찰해야 경청의 사람이 된다.

'나'보다 '남'이
앞서야 한다

3

기준이 '내'가 아닌 '남'이어야 한다

경청의 3단계는 '기준이 무엇이냐'이다. 경청의 기준이 내가 아니라 남일 때, 경청의 수준 3단계에 이르게 된다.

경청할 때 그 기준이 '어떻게 내가 될 수 있는가?'라고 질문할 수 있다. 우리의 대화 기준은 '나'이다. 그 기준을 상대방에게로 옮겨야 한다. 기준을 나에게서 대화의 상대로 옮길 때, 비로소 진정한 경청이 이루어진다.

경청의 기준은 '내가 아니라 남'이어야 하는데, 이게 말처럼 쉽지 않다. 그렇다면, 경청이 어려운 이유는 무엇일까? '내가 말하는 것이 대화'라고 생각하기 때문이다.

사람이 가장 못하는 것이 바로 '자기를 비우는 것'이다. 예수님께서 십자가에서 죽을 수 있었던 것은 자기를 비웠기 때문이다. 우리는 과연 대화할 때, 자기를 비우고 남의 말을 전적으로 경청하고 있는가? 대부분이 그렇지 않다. 다른 사람들이 대화하는 것을 얼핏 봐도 서로 자기 말만 하려 든다.

자기를 비워야 기준이 남이 될 수 있다. 바둑 용어 중에 '공피고아'(攻彼顧我)가 있다. 이것은 '자기를 먼저 살핀 후 상대를 공격하라'는 뜻이다. 곧, '상대를 공격하기에 앞서 자신의 허점을 살펴야 함'을 일컫는 격언이다.

사람은 누구나 허점은 없을지 몰라도 약점은 있다. 약점 중 최고 약점이 '기준을 나로 삼는 것'이다. 경청하려면 기준이 나에서 남으로 전환되어야 한다. 현 영국 왕인 찰스 3세에게 누군가 다이애나에 관해 물었다. 그의 답은 심플했다.

"다이애나를 왜 좋아하냐고? 다이애나는 가만히 서서 한참을 듣지!"

전 세계인이 사랑한 영국의 왕세자빈 다이애나는 권세와 권위가 넘치는 사람들만 골라서 만나는 왕실의 황태자비가 아니었다. 외면받고 어려운 사람들을 직접 찾아가기로 유명했다. 사람들에게 다

대화가 인생을 업(Up)시킨다

가가서 그녀가 한 것은 '가만히 서서 한참을 들어주는 것'뿐이었다. 내 곁에 가만히 서서 그저 하염없이 내 말을 들어주는 사람을 어찌 사랑하지 않겠는가? 나의 말을 하염없이 기다려주는 사람과의 대화는 황홀할 뿐이다. 이렇듯 다이애나의 기준은 내가 아니라 남이었다.

아나운서 이금희는 『우리, 편하게 말해요』에서 자신이 아니라 남에게 기준이 있었던 영부인에 관해 이야기한다.

"사회생활을 해 본 분이라면 아시겠지만, 우리 사회에서 말은 곧 권력입니다. 막강한 권력을 가진 사람일수록 목소리가 크고 말이 길어집니다. 사장님의 하염없는 말씀을 꾹 참으며 들어본 적 있으시죠. 나이가 어리거나 경력이 짧은 막내는 자기 얘기를 하기가 어렵습니다. 그런데 그 영부인은 그 자리의 막내 격이었던 저에게도 발언할 기회를 주셨어요. 원래 호감이 있었지만, 그 만남 이후 저는 더욱더 그분을 신뢰하게 되었습니다. 남의 말에 귀 기울일 줄 아는 분이라면 믿을 수 있겠구나, 하고 말이죠."

사람은 자기 이야기를 하고 싶어 한다. 이금희 아나운서는 "내가 하는 말에 귀 기울여 주는 사람이 몇이나 될까요?"라고 질문한다. 그러면서 "사이좋은 친구나 가족도 늘 그러기는 어렵다"고 한다. 그러다 보니 '내 이야기'를 들어줄 사람에게 목마르다고 한다.

인간의 기본 속성은 바로 '관계와 소통'이다. 다른 사람과 관계를 맺고 이야기 나누며 정보를 주고받는 것은 생존의 문제, 살아남기 위한 필수 요소이다. 한 언어연구학자는 '호모 나랜스'(Homo Narrans)로 인간을 규정한다. 인간은 이야기하려는 본능이 있고, 이야기로 사회를 이해하는 존재라는 것이다.

우리가 진정한 호모 나랜스려면 경청의 기준을 바꾸어야 한다. 이때 경청의 기준은 내가 아니라 남이어야 한다.

경청의 기준이 바뀌면 많은 사람이 힘을 얻는다. 많은 사람이 경청에 목마르다. 내가 하는 말에 귀 기울여 주는 사람이 그립다. 가깝고, 사이좋은 친구나 가족도 경청보다는 자기 말을 늘어놓으려 한다. 이런 사회 분위기에서 대화의 기준이 '나'에서 '남'이 되면 사람이 숨을 쉬고 세상을 힘 있게 살 수 있다.

'맛'만 내기보다는 '멋'까지 생각한다

말 잘하는 사람이 부럽다. 이런 사람은 소위 맛을 내는 사람이다. 더 부러운 사람은 말 잘 들어주는 사람이다. 말 잘 들어주는 사람은 맛은 물론 멋까지 풍긴다. 우리가 대화에서 멋까지 내려면 경청을 즐겨야 한다.

목회는 거창한 것이 아니다. 세상 사람의 말과 교인의 말을 잘 들어주는 것이다. 하나님께서 이 땅에 예수님을 보내신 이유도 사람

대화가 인생을 업(Up)시킨다

의 말을 경청해 주는 데 있다. 목회는 위대하지 않다. 목회자가 하나님의 음성을 잘 듣는 것이다. 목회는 사람들의 말을 마음으로 경청하는 것이다. 그러니까 목회란, 말 잘하기가 아니라 경청 잘하기다.

사람들은 말 잘하는 것은 부러워하지만, 잘 들어주는 사람에게는 감동을 받는다. 잘 들어주는 사람을 찾기 힘든 시대에 잘 들어주는 경청의 사람을 찾기는 더 힘들다.

목회자가 하나님의 음성을 잘 들을 때, 말씀에 순종한다. 사람들의 고민을 잘 들어줄 때, 사람들은 그 목회자를 존중한다. 목회자는 맛을 내는 목회에 머물지 않고 멋까지 장착해야 한다.

경청은 목회의 시작인 동시에 목회의 마지막이다. 즉, 목회란 경청하기다. 목회에서 경청하는 것은 교회 문제, 교인 문제를 해결하려는 과정이 아니다. 그 사람의 아픔, 문제에 공감하기 위한 것이다.

말을 잘해서 맛도 내야 한다. 경청을 잘해 멋까지 내야 한다. 목회자는 사람들에게 가까이 다가가 귀를 기울여 그들의 속마음을 듣는 사람이다. 토드 카시단은 『행복은 호기심을 타고 온다』에서 이렇게 말한다.

"가까이 다가와 귀를 기울이면 그들의 속삭임, 그들이 너희에게 남겨주고 싶은 말을 들을 수 있을 거야. 이리 와서 기대고 들어 봐, 들리니? 그 말이 들려?"

경청이 그리운 시대, 경청을 통해 사람의 가려움을 긁어주는 바로 그 곳에 우리가 먼저 가 있어야 한다.

상대에게 주도권 넘겨주기를 기쁨으로 여겨야 한다

경청은 주도권 잡기가 아니라 주도권 넘기기이다. 주도권을 넘겨주면 나보다 남이 앞선다. 경청하려면 대화의 주도권을 나에게서 남에게로 넘겨주어야 한다. 대화의 주도권이 내가 아닌 다른 사람에게 있다고 느끼는 순간, 대화는 풍성해진다.

교회에서 대화의 주도권은 내가 아니라 하나님께 있어야 한다. 마찬가지로 교회에서 교인 간의 대화에서도 내가 아니라 남에게 주도권이 있어야 한다. 특히, 목회자라면 대화의 주도권을 교인에게 주어야 한다.

목회자가 대화의 주도권을 교인에게 넘겨주면 교인이 속을 꺼낸다. 김범준은 『예쁘게 말하는 네가 좋다』에서 현명한 사람의 대화법에 대해 이렇게 서술한다.

"현명한 사람은 자신이 얻을 것을 모두 얻어 내면서도 말하기의 통제권이 상대에게 있는 것처럼 대화를 진행합니다."

현명한 대화는 내가 대화를 주도하는 것이 아니라 말하기의 주도권을 상대에게 있는 것처럼 이끄는 것이다.

우리는 살면서 특정한 사람의 마음을 알고 싶을 때가 있다. 그 사람 안에 무엇이 들어 있는지 궁금할 때가 있다. 그럴 때 대화의 주도권을 넘겨줘야 한다. 그러면 미주알고주알 속마음까지 꺼낸다. 주도권이 넘겨진 경청은 상대의 다음 말을 꺼내게 하는 자석과 같다.

경청의 주도권을 넘겨준 후에 해야 할 것은 '제대로 들어주는 것'이다. 대화 중에 댓글을 달 듯이 성실하게 코멘트하면 된다. 히멘아 벤고에체아는 저서 『타인의 속마음에 닿는 대화』에서 대화할 때 다음의 세 가지를 기억하라고 한다.

첫째, 상대에게 주도권을 넘긴다. 대화 상대와 관련된 구체적인 질문들을 던지고 더 많은 개인적인 이야기를 하도록 유도하면 대화 상대의 살아온 경험을 자세히 이해할 수 있다.

둘째, 내가 주인공이 아니라는 점을 기억한다. 상대방의 이야기를 듣는 도중 '나라면 다르게 반응했을 텐데'라는 생각이 들더라도 최선을 다해 그 생각을 한쪽으로 치워 둔다. 나였다면 어떻게 했을지 생각하는 대신, 대화 상대가 왜 그런 결정을 내렸는지에 초점을 맞춘다.

셋째, 감정에 집중한다. 상대가 말하는 경험이나 상황을 완전히 이해할 수 없더라도 주고받는 말속에 담긴 감정에 이입되고자 노력해야 한다.

대화할 때, 주도권이 나에게서 남에게로 넘어간 것을 기쁨으로 여겨야 한다. 그래야 진정한 대화가 이루어지기 때문이다.

이성은 물론 감성까지 고려해 듣는다

경청이란 무슨 뜻인지 아는 지식적인 것이 아니라 화자의 감성까지 고려하는 것이다. 상대의 감성까지 고려해서 들으면 화자의 마음에 만족감이 든다. 파스칼은 "가슴에는 이성이 알지 못하는 그 자신의 이성이 따로 있다"고 말했다. 그렇다. 감성, 그 안에는 또 다른 이성이 있다.

조 지라드는 『대화의 기술』에서 감성까지 고려해 경청하라고 한다. 그는 말하는 사람을 만족시켜 줄 만한 구체적인 대화의 기술을 네 가지로 제시한다.

첫째, 열심히 듣는다.
둘째, 물으면서 듣는다.
셋째, 분명하지 못한 점은 확인하면서 듣는다.
넷째, 어떻게 하면 좋은가, 상대는 무엇을 기대하고 있는가를 생각하면서 듣는다.

지라드가 제시한 이 네 가지 조언 중 네 번째 사항이 감성까지 고려한 경청이다. 경청할 때 감성까지 고려해야 하는 이유는 사람의 말에는 감정이 먼저 작동하기 때문이다. 김윤나는 『말 그릇』에서 사람의 '말 한마디' 속에는 그 사람만의 고유한 감정과 공식, 습관이 녹아 있다고 한다. 그의 말을 들어보자.

"'말을 해야지'하고 생각하기 전에 항상 먼저 작동하는 것은 감정이다. 당연히 말도 그 감정을 따라간다."

감정은 '출현-자각-보유-표현-완결'이라는 다섯 단계를 거쳐 나타났다가 사라진다. 어떤 감정의 문을 여는가에 따라 그것과 닮은 말이 따라온다. 따라서 마음과 다른 말을 하지 않기 위해서는 복잡한 감정들 사이에서 '진짜 감정'을 인식하는 연습이 필요하다.

대화에서 감정이 빠지면 추악해진다. 사람에게서 감정이 빠지면 인간이 아니라 악귀가 된다. 2003년에 개봉된 영화 〈이퀼리브리엄〉(Equilibrium)의 줄거리는 대략 이렇다.

제3차 세계대전이 일어난 후 '리브리아'라는 국가가 생겼다. '총사령관'이라 불리는 독재자가 통치하는데, 일상생활을 하는 국민의 표정이 모두 한결같다. 그들은 아무런 감정도 느끼지 못하는데 그 이유는 '프로지움'이라는 약물에 의해 통제되기 때문이다. 이 약물은 사람에게 기쁨, 사랑, 증오 등 어떤 감정도 느끼지 못하게 만든다. '리브리아'의 특수요원들은 인간의 감정을 느끼기 위해 '프로지움' 투약을 거부하는 사람들을 불구덩이로 밀어 넣는다. 결국, 프로지움이란 약을 통해 인간의 마음은 평정을 찾았으나 그와 동시에 사람으로서의 개성과 인격은 빼앗긴 채 독재자의 꼭두각시가 되어 버린다. 마음의 평정을 뜻하는 '이퀼리브리엄'은 감정이 빠진 관계의 허무함과 인간의 추악함을 담고 있다.

말에는 감정이 담겨 있다. 경청할 때 말보다 감정 파악이 더 중요하다. 경청할 때 듣는 사람이 '필'(Feel)을 느껴야 한다. 경청할 때는 감정을 담아야 한다. 감정까지 담아야 깊은 대화가 이뤄진다.

하버드대학의 제임스 교수는 "행동에 뒤이어 감정이 따르는 것으로 보이나 사실은 그렇지가 않다. 행동과 감정은 동시에 일어난다"고 지적했다. 그의 이론대로라면 감정의 변화에 따라 곧 행동이 수반된다. 이에 감정을 고려할 때 경청이 완성된다.

이순신 장군은 한산도에 머무는 동안 '운주당'이라는 개인 집무실 겸 독서 공간을 이용했다. 운주당은 매일 밤, 불이 꺼지지 않았다. 그곳에서 장군은 해당 지역에서 태어난 병사는 물론 종종 민간인까지 불러들여 술과 음식을 대접했다. 그리고 그들이 건네는 이야기에 귀를 기울였다.

어느 날, 한 병사가 이렇게 말한다. "촛대바위 근처 해상은 물길이 세고 암초도 많습니다." 그 말을 들은 이순신 장군이 말한다. "그런가? 잘못 들어서면 큰일나겠군." 이 말을 들은 주민이 이렇게 대답한다. "그렇습니다. 뱃사람 여럿 집어삼켰습니다." 이순신 장군은

대화가 인생을 업(Up)시킨다

운주당을 그득하게 채운 병사와 주민의 이야기를 감정에 스며들도록 경청했다. 감정까지 담은 경청을 했기에 이순신 장군은 그 말들을 하나하나 기억했다가 다음 날 일찍 배를 타고 바다로 향했다. 이순신 장군은 아련한 바다 위로 가라앉는 무색의 햇살을 바라보며 물결의 무늬를 헤아렸고, 파도의 울음소리를 들으며 바다의 깊이와 암초의 위치를 기록했다. 이순신 장군은 이렇듯 감성까지 고려한 경청으로 임진왜란에서 해전의 승리를 거둘 수 있었다.

우리는 경청할 때 감성까지 고려해야 한다. 감정까지 고려해야 하기에 내용보다 말투에 더 신경 써야 한다. 김범준은 『모든 관계는 말투에서 시작된다』에서 말투의 중요성을 이렇게 설명한다.

"'올바른 논리, 정확한 문장을 말로 표현하는 것이 대화의 성공 열쇠다'라고 말하는 사람들이 많다. 착각이다. 논리와 내용보다는 순간순간 어떤 말투를 쓰고 있는지 자기 자신을 살펴보는 것이 우선되어야 한다. 내용보다는 말투가 대화의 모든 현장을 지배한다. 이제 상대방을 슬프게 하는 말투, 강요하는 말투, 감정을 상하게 하는 말투는 버려야 한다. 사랑과 공감 가득한 말투를 사용하는 사람만이 대화를 통해 자신이 원하는 것을 얻을 수 있다."

김범준은 말투에도 메이크업이 필요하다고 말한다. 어떻게 말투에 메이크업을 할 수 있을까?

그냥 떡볶이집 사장: 만 원입니다.

'친절한' 떡볶이집 사장: 맛있게 드셨어요? 1만 원입니다.

그냥 카페 알바생: 주문하시겠습니까?

'성실한' 카페 알바생: 기다리느라 불편하셨죠? 주문하시겠습니까?

그냥 집사: 잘 지내셨어요?

사랑이 많은 집사: 저는 성도님 덕분에 잘 지냈습니다. 만날 때마다 제가 행복합니다.

말만 잘 들어주는 게 경청이 아니다. 마음, 감성까지 고려해 들어주어야 한다. 그럴 때 맛은 물론 멋까지 내고 사람을 살리고, 나라를 구하는 경청의 힘을 발휘할 수 있다.

대화가 인생을 업(Up)시킨다

Chapter 3

대 화 가
나 를
업〔UP〕
시 킨 다

Up 대화가
인생을
시킨다

하나님과 주파수가 일치해야 한다

대화는 나를 업시킨다. 대화가 어떻게 나를 업시키는가? 대화하기 위해 정보, 자기 관찰, 상대자 연구, 지식 확장 등이 뒤따르기에 그렇다.

그리스도인이 자신을 업시키려면 하나님과 주파수가 일치해야 한다. 하나님과 주파수가 일치하려면 말씀을 가까이해야 한다. 말씀을 읽고, 말씀을 묵상하고, 말씀을 삶에 적용해야 한다.

하나님과 주파수가 일치하지 않으면 혼돈 속으로 빠져든다. 내가 업되기보다는 다운된다. 모기 퇴치기로 모기를 퇴치하는 원리는 모기를 혼돈에 빠뜨려 도망가게 하는 것이다. 모기는 주파수가 같은 퇴치기 소리를 듣는다. 주파수가 다른 사람은 듣지 못한다. 즉, 모기가 들을 수 있는 주파수 대역의 소리를 발생시켜 모기를 쫓는 것이다.

우리는 하나님과 주파수를 일치시켜 삶을 업시켜야 한다. 삶을 업시키지 않으면 도리어 삶이 다운된다.

삶을 하나님으로 인하여 업시키면 하나님의 보물을 만나게 된다. 하나님은 이렇게 말씀하신다. "네가 서 있는 땅 밑에 보물이 있다." 우리의 주파수가 하나님과 일치되면 하나님의 보물을 발견할 수 있다.

신승재는 『모든 문제를 임재로 체인지』에서 "고독할 때가 하나님과 주파수를 맞출 때"라고 한다.

"고독의 시간은? 남에게 인정받고 싶은 마음을 내려놓게 한다. 하나님과 더욱 친밀함을 추구한다. 그 이유는 하나님과의 친밀함이 고독을 넘어서게 해주기 때문이다. 고독할 때 하나님께 고백하면 '아름다움'이 된다. 주위 사람에게 고백하면 '추함'이 된다. 고독할수록 신앙의 주파수는 더더욱 하나님이어야 하는 이유다."

고독할 때는 하나님과 주파수를 더 열심히 맞춰야 한다. 고독하지 않을 때도 하나님과 주파수를 더 열심히 맞춰야 한다. 우리는 평생 하나님과 주파수를 맞추며 살아야 한다. 하나님과 주파수를 맞춰 다운되는 삶이 아니라 업된 삶을 살아야 한다.

삶이 업되려면 하나님과 공감을 잘해야 한다

우리의 삶은 날마다 업되어야 한다. 삶이 업되지 않고, 다운되면 쉬이 지친다. 삶이 업되려면 하나님과 공감이 잘되어야 한다.

하나님과 공감하는 사람은 사람의 약점에 공감하지 않는다. 우리는 사람의 약점을 향해 긍휼의 마음으로 맞장구치는 경향이 있다. 그러나 사람의 약점에 공감하기에 앞서 하나님과 공감을 잘해야 한다. 그러면 사람의 약점에도 잘 공감할 수 있다.

역설적으로 사람의 약점에 공감하면 그 사람과의 관계는 악화된다. 사람의 약점에 강하게 공감하면 반대로 대화가 가로막힌다. 인간관계가 단절된다. 그리고 약점을 가진 사람의 성장을 막아버리는 잔인한 결과를 맞는다.

우리는 사람의 약점에 공감하는 것이 아니라 하나님과 공감을 잘해야 한다. 사람의 약점에 공감을 잘하면 잔인한 말이 나온다. 잔인한 말이 입 밖으로 나오지 않게 하라면 하나님과 공감을 잘해야 한다. 하나님과 공감하면 사람의 약점에 공감하지 않고, 그 사람을 업시키고, 나의 삶도 업된다.

나의 삶이 업되어야 한다. 더불어 다른 사람의 삶도 업시켜야 한다. 대화로 다른 사람의 삶을 업시키지 않고 다운시키면 그 대화는 폭력적으로 귀결된다.

우리의 대화는 다른 사람을 업시키는 것이어야 한다. 만약 다운시키는 대화를 하면 사랑하는 사람에게 큰 상처를 준다.

우리는 하나님과 공감하는 대화를 해야 한다. 하나님과 공감하지 않는 대화를 하면 언젠가는 폭력적인 대화를 하게 된다. 리상룽은 『1시간에 끝내는 대화의 기술』에서 "폭력적인 대화는 가장 사랑하는 사람에게 상처를 남긴다"고 한다. 그는 로젠버그 박사의 『비폭력 대화』를 예로 들며, 비폭력 대화를 하라고 한다. 비폭력 대화는 '사랑의 언어'이기 때문이다.

하나님과의 공감의 대화는 사랑의 언어이다. 사랑의 언어가 시작되면 삶이 업된다. 세계에서 가장 영향력이 있는 여성으로 여전히 미국의 방송인 오프라 윈프리가 가장 많이 거론된다. 그녀가 세계적인 영향력을 가질 수 있는 가장 큰 이유 중 하나가 바로 공감 능력이다. 그녀는 무려 25년간 방영되었던 〈오프라 윈프리 쇼〉를 통해 대중과 공감했다.

그녀에게는 어둡고 힘든 과거가 있었다. 경험을 통해 삶의 아픔을 그 누구보다 잘 알기에 그녀는 힘든 처지에 놓인 사람들에게 옳고 그름을 설명하기보단 그 사람의 아픈 곳을 먼저 감싸고 안아주

대화가 인생을 업(Up)시킨다

는 것이 중요하고 도움이 된다는 것을 잘 알고 있었다. 결코, 화려한 화술과 스킬이 아니라 그녀의 대화에서는 진정한 공감을 느낄 수 있었다. 그녀가 인터뷰한 수많은 스타와의 대화 내용을 살펴보면 가십거리를 초점으로 쇼를 진행하지 않았다. 오직 사람에게만 관심을 두었다. 그녀의 공감 능력은 유명인들이 게스트로 출연했을 때보다 어려운 처지의 일반인들을 상대할 때 그 힘이 더 대단했다.

그녀가 대중의 삶에 공감할 수 있었던 것은 하나님과 공감을 잘 했기에 가능했다. 오프라 윈프리는 사람과의 공감에 탁월했다. 실제로 성폭행을 당했다고 고백한 중년 여성을 눈물을 쏟으며 안아주기도 했다. 그러면서 윈프리는 성폭행의 고통을 자신도 안다면서 성폭행을 당한 자신의 아픈 상처를 털어놓기도 했다. 공감은 이처럼 상대방의 감정을 나도 느끼는 것처럼 이해하려고 노력하는 것이다. '나도 그렇게 느끼는 일'은 가장 인간다운 것이다. 이때 요구되는 핵심 요소는 이성이 아니라 감성이다. 감성은 인간적인 매력의 핵심이며 이것은 자연스럽게 인간에 대한 호감으로 연결된다. 절대로 감정적인 것과 혼동하면 안 된다.

삶이 업되려면 하나님과 공감을 잘해야 한다. 하나님과 공감을 잘하면 사람과도 공감이 잘된다. 사람은 감정 또는 기분을 이해해 주는 사람에게 호감을 느낀다. 사람들이 하나님을 좋아하는 이유는 하나님은 나를 이해해 주고 공감해 준다고 믿기 때문이다.

우리는 지금보다 나중이, 오늘보다 내일이, 내일보다 모레의 삶이 더 업되길 바란다. 우리 삶이 업되려면 하나님과의 공감이 선행되어야 한다.

하나님과 대화를 즐기면 삶이 업된다

하나님과 공감하는 것은 하나님과 즐거운 대화를 하고 있다는 것이다. 그리스도인은 하나님과 공감을 잘하고, 하나님과의 대화를 즐겨야 한다. 삶이 업되려면 하나님과의 대화를 즐겨야 한다. 사람과 대화를 즐겨도 삶이 업되는데, 하나님과의 대화를 즐기면 삶은 당연히 업된다.

그리스도인의 일차적인 대화 상대는 하나님이시다. 하나님께서 원하는 대화를 먼저 해야 한다. 그리고 우리가 원하는 대화도 즐겁게 해야 한다.

하나님과의 대화가 즐거워지면 하나님과의 관계가 발전한다. 오수향은 『모든 대화는 심리다』에서 이렇게 말한다. "대화가 달라지면 관계도 달라진다."

아담은 하나님과 대화했다. 하지만 하나님과의 대화를 즐기지 않았다. 하나님과의 대화를 즐기지 않으니 죄악이 들어오는 것을 인지하지 못했다. 결국 하나님과의 대화에 실패한다. 아담은 하나

대화가 인생을 업(Up)시킨다

님과의 대화를 즐기지 못해 마귀의 유혹에 넘어갔다. 그는 죄악으로 하나님과의 대화를 회피하기까지 했다.

그리스도인은 하나님과의 대화를 즐겨야 한다. 하나님께서 원하시는 삶을 살아야 한다. 아담처럼 하나님과 대화하는 것을 회피하지 않아야 한다. 하나님과 대화를 즐기면 삶이 업된다.

그리스도인에게는 하나님과의 대화가 중요하다. 그 중요한 대화를 즐겨야 한다. 시간이 흐르면 하나님과의 대화로 인해 존귀한 자로 업된다. 만약 하나님과 대화를 즐기지 않으면 나의 단점과 다른 사람의 단점만 눈에 들어온다. 이서정은 다른 사람의 단점에 왈가왈부하지 말 것을 조언했다. 다른 사람의 단점을 살필 시간에 하나님과의 대화를 즐기고자 해야 한다.

우리는 하루를 마감하기 전에 이런 고백을 해야 한다. "하나님 덕분에 하루가 행복했다." 이런 말은 하나님과의 대화를 즐긴 사람만 할 수 있는 고백이다.

일생을 하나님과 함께하면 평생 삶이 업된다.

그리스도인은 일생을 하나님과 함께하는 사람이다. 일생을 막연하게 누군가와 함께하면 안 된다. 하나님과 깊은 사랑의 밀애를 즐기며 그분과 함께해야 한다. 일생을 하나님과 함께해야 하는 이유는 두 가지이다.

첫째로, 하나님께서 우리를 위해 존재하시기 때문이다. 둘째로, 사람들은 실망만 안겨줄 때가 많기 때문이다. 하나님은 우리를 실망시키지 않으신다. 복음성가 중에 '하나님 한 번도 나를 실망시킨 적 없으시고'라는 가사가 있듯이 하나님은 한 번도 우리를 실망시키지 않으신다. 평생 우리를 만족시켜 주신다.

일생을 하나님과 함께할 이유는 넘친다. 하나님과 함께하면 평생 우리의 삶은 업된다. 삶이 업되지 않은 사람은 줄기차게 과거를 들먹인다. 류재언은 『대화의 밀도』에서 "대화가 불편한 사람은 자기를 과시하는 사람"이라고 한다. 그는 자기 과시적인 사람을 아래와 같이 소개한다.

"'아버지 회사'라는 말을 반복해서 언급하는 2세 경영인, '청와대 있을 때'라는 말을 반복해서 언급하는 청와대 인턴 경험자, '학교가 커서'라는 말을 달고 다니던 S대 졸업자, 'ㅇㅇ외고'라는 말을 수도 없이 언급하는 고등학교 때가 전성기였던 자, '여의도에서는'을 반복해서 말하는 메이저 금융기관 출신의 명예 퇴직자 등."

우리 주위에도 이런 말을 하는 사람이 있다. 과거에 자기가 한 사역, 대형 교회 부목사 출신이라는 등 과거를 늘어놓는다. 만약 누군가 하는 언어에 세 번 이상 반복적으로 등장하는 말이 있다면, 그에게 과시 욕구와 인정받고 싶은 욕구가 많다는 증거이다.

대화가 인생을 업(Up)시킨다

일생 하나님과 함께하는 사람은 대화 중에 과시와 자랑이 거의 없다. 예수님은 일생에 자기를 과시하지 않으셨다. 우리도 예수님처럼 살아야 한다. 시인이자 작가, 그리고 배우인 마야 안젤루가 남긴 문장에는 인생의 중요한 원칙이 담겨 있다. 우리는 이 말을 마음에 새기고 살아야 한다.

"우리는 나는 안다. 양손에 포수 글러브를 끼고 인생을 살면 안 된다는 것을. 무엇인가는 상대에게 다시 던져줄 수 있어야 한다는 것을."

일생을 하나님과 함께하면 다른 사람에게 무엇인가를 줄 수 있다. 주고 또 줄 수 있는 사람이 된다. 이런 사람이 되기 위해 그리스도인은 일생을 하나님과 함께해야 한다. 평생을 업시키는 삶을 살아야 한다.

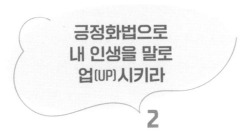

긍정화법으로
내 인생을 말로
업(UP)시키라

2

대화가 부정화법에서 긍정화법으로 바뀐다

대화는 나를 업시킨다. 대화를 통해 나를 업시키지 않으면 삶에서 큰 과제를 안고 사는 꼴이다. 우리의 삶을 업시키려면 부정화법이 아니라 긍정화법으로 대화해야 한다.

이런 질문을 자주 받는다. "하나님을 사랑하십니까?" 물론 "하나님을 사랑한다"라고 답한다.

하나님을 사랑하는 사람에겐 특징이 있다. 부정적인 말을 거의

대화가 인생을 업(Up)시킨다

하지 않는다는 것이다. 하나님은 그 자체로 긍정적이다. 이에 우리도 긍정적인 대화를 해야 한다.

로버트 마우어는 『아주 작은 반복의 힘』에서 이렇게 말한다. "긍정적인 질문이 긍정적인 삶을 만든다." 우리는 긍정적인 삶을 만들어야 한다. 그는 또한 만약 부정적인 질문을 한다면, 우리들의 단점과 실수에 무자비한 스포트라이트를 비추는 것과 같다고 했다.

그리스도인은 용어 사용에 신중해야 한다. 할 수만 있다면 긍정적인 용어를 사용해야 한다. 김범준은 『예쁘게 말하는 네가 좋다』에서 "긍정의 언어로 가득 채우라"고 한다. 그는 "부정적 용어 사용을 줄이고 여유와 긍정 그리고 행복의 말들로 가득 채워 보세요"라고 조언한다. 그러면서 "문제가 아닌 것을 문제라고 입에 올리는 것이 문제"라고 한다. 문제가 아닌 것도 문제라고 정의하는 순간, 문제가 되어버린다는 것이다.

그리스도인은 말로 인생을 업시켜야 한다. 말로 인생을 업시키려면, 부정화법 사용을 자제해야 한다. 부정화법을 사용하는 사람을 좋아하는 사람은 거의 없다. 긍정화법을 사용하는 사람을 좋아한다. 과거에 집착하는 사람을 좋아하는 사람은 거의 없다. 미래를 내다보는 사람을 좋아한다. 긍정화법을 사용하는 사람을 일단 좋아한다.

수많은 무리가 설교를 듣기 위해 아침부터 밤까지 예수님을 쫓

아다녔다. 예수님의 긍정화법과 미래적인 화법 때문이다. 그렇다면 그리스도인의 대화도 긍정적이고 미래적이어야 한다.

1995년 존 바그(John Bargh) 예일대학교 사회심리학과 교수는 한 가지 흥미로운 실험을 한다. 대학생을 두 그룹으로 나누어 한 그룹에게는 '공격적인, 대담한, 무례한, 귀찮게 하다, 방해하다, 침범하다'와 같은 부정적이고 무례하며 파괴적인 단어를 만들게 했다. 또 다른 그룹에게는 '예의 바르다, 배려하는, 고마워하다, 참을성 있게, 다정하게, 사랑스러운, 양보하다'와 같은 고운 말, 예의 바른 단어로 문장을 만들어 사용하게 했다.

실험 결과는 이렇다. 부정적인 단어 혹은 문장을 말한 그룹은 신체 능력이 떨어졌다. 반면, 긍정적인 단어나 감사의 문장을 말하면 뇌에 긍정적 영향을 주고 신체에 예의 바른 행동을 촉진하며 건설적인 인생으로 이끌어 주었다. 결국, 긍정적이고 격려하는 말이 사람을 변화시킨다.

삶을 업시키고 싶다면 긍정적인 대화를 해야 한다. 유정임은 『말과 태도 사이』에서 긍정의 말에 대해 다음과 같이 서술한다.

오랫동안 친하게 지내 온 한 정신과 의사가 농담 삼아 이런 이야기를 건넸다. "길거리에서 어깨를 부딪치면 사람들 반응이 어떤지 알아요? 대개 2가지 반응이에요. '아, 뭐야?'하고 짜증 내는 부정형

대화가 인생을 업(Up)시킨다

과 '죄송합니다' 사과부터 하는 긍정형이 있어요. 그 사람의 심리적 무의식을 체크하는 가장 간단한 방법이죠! 한번 보세요. 거의 2가지라니까. 듣고 보니 그랬다. 어깨가 부딪쳤을 때 평소의 마음가짐은 무의식적인 첫마디 반응으로 튀어나온다. 흥미로웠다."

누군가 툭 치면, '누가 그랬어!'가 아니라 '죄송합니다'라는 긍정형의 반응을 보여야 한다. 긍정적인 반응이 나를 업시키는 최고의 방법이다.

노구치 사토시는 『50센티 더 가까워지는 선물보다 좋은 말』에서 이렇게 말한다. "좋게 말하면 좋은 사람이 된다."

그리스도인은 좋게 말해야 한다. 좋은 사람이어야 한다. 하나님의 사람은 이유를 불문하고 좋은 사람이다. 좋은 사람은 긍정화법으로 만들어진다.

인생을 업시킨 사람은 긍정적이다

인생을 업시킨 사람은 매사 긍정적이다. 대화도 긍정형으로 한다. 『운을 부르는 말과 행동 50』의 이상헌 작가는 현존 인물 15,000명과 역사 인물 5,000명을 뽑아 그 특징을 분석했다. 그 결과가 흥미롭다. '운은 스스로 운이 좋다고 여기는 사람의 편'이라는 것이다.

그가 내린 결론은 다른 사람이 내린 결론과 크게 다르지 않았다.

"운을 잡는 사람은 100퍼센트 긍정적인 사람들이었습니다. 마음이 즐거우면 자신이 있는 곳이 천국이 되지만, 마음이 힘든 사람은 수천억의 돈을 가지고 있어도 지옥에서 벗어나지 못합니다. 그래서 매달 많은 수익을 올리면서도 부족함을 느끼는 사람이 있는 반면에 적은 수입으로도 풍족하게 사는 사람이 있는 법입니다."

'운기칠삼'(運七技三)이란 말이 있다. 이는 '사람이 인생을 살아가는 데 재주를 뜻하는 기(技)는 3할이고 운(運)이 7을 차지한다'는 뜻이다. 운이란 하나님 은혜의 다른 표현이다.

하나님의 은혜는 하나님의 귀에 들린 대로 하나님께서 행해 주시는 것이다. 민수기 14장 28절에서 하나님은 "너희 말이 내 귀에 들린 대로 내가 너희에게 행하겠다"고 하신다. 우리 삶은 우리가 하나님을 믿는 것만큼 된다. 마태복음 8장 13절에는 예수님께서 백부장에게 하신 말씀이 등장한다. "가라, 네 믿은 대로 될지어다." 이 말대로 백부장의 종은 병이 나았다. 이는 백부장이 지닌 믿음의 결과이다. 백부장은 예수님께 이렇게 말한다. "주여 내 집에 들어오심을 나는 감당하지 못하겠사오니 다만 말씀으로만 하옵소서 그러면 내 하인이 낫겠사옵나이다"(8절). 그는 예수님 말씀의 힘을 믿음으로 받아들였다.

그리스도인의 삶은 믿음대로 된다. 마찬가지로 한 사람의 운명은 말한 대로 된다. 세 치 혀로 하는 말로 한 사람의 복이 결정된다. 하나님께 복을 받고자 한다면 우리 삶이 긍정적이어야 한다.

캐나다 케이프 브레턴 대학교의 스튜어트 매캔(Stewart McCann) 심리학 교수는 '긍정적인 말의 힘'에 관해 연구했다. 14만 명의 트위터 내용을 분석한 결과, 행복한 사람들의 트윗은 전반적으로 긍정적이었다고 한다. 행복한 사람들은 부정적인 말을 쓰거나 뒷담화로 다른 사람을 욕하기보다 긍정적이고 쾌활한 이야기들을 올렸고, 불행한 사람들의 트위터 내용은 불만으로 가득 차 있었다고 한다. 말과 사람의 마음은 같은 결에서 이루어지고, 그 결의 방향에 따라 현실이 만들어진다는 결론이다.

드림웍스 애니메이션에서 레이아웃과 촬영 담당인 전용덕 감독은 긍정의 언어로 성공 스토리를 썼다. 초등학교 때부터 만화를 만들고 싶었다던 그는 대학 졸업 후 대형 광고회사에 취직했다. 어느 날, 동창이 찾아와 말했다. "용덕아, 우리 옛날에 만화 만들자고 약속했었잖아. 미국 가서 공부하자." 친구의 이 말에 잊고 있던 꿈이 살아났지만 현실을 무시할 수는 없었다. 갑작스러운 유학이라는 꿈은 무모할 뿐이었다. 그는 결혼했고 지켜야 할 가정이 있었으니 욕심을 따를 수 없었다. 지나가는 말처럼 꺼내든 말에 아내는 격려와 지지를 보냈다. "당신 소원이었다면, 도전해 봐!" 용기를 준 아내의 말은 어려운 현실을 이겨내는 키워드가 되었다. 결국 미국까지 가게 되었고 자신과의 싸움에서 승리하며 드림웍스에 첫발을 들이게 됐다. 아내의 긍정적 지지와 격려는 매사 긍정적인 전용덕 감독을 더 달리게 했다. "할 수 있고말고. 도전해 봐, 할 수 있을 거야!"

긍정적인 말이 그를 도전하게 했다. 도전의 결과는 아름다운 결실이란 꽃을 피웠다. 이처럼 긍정적인 말은 우리 마음에 아름다운 결과라는 꽃을 피운다. 반면, 부정적인 말을 하는 사람의 인생에는 불행의 꽃이 핀다. 연구 결과에 따르면, 비관적이고 부정의 말을 하는 사람들은 매사를 부정적으로 본다. 그들은 "쉽지 않을 텐데!", "아, 그게 아니고", "말도 안 돼요" 등의 말을 한다. 이런 사람의 말을 들으면 쉽게 지친다. 그런 사람의 언어는 비판에 무게가 쏠려 아무리 내용이 좋아도 피곤하고 힘이 빠진다.

긍정적인 말을 하는 사람의 말에서는 남다른 기운을 느낀다. 그들이 자주 쓰는 말은 "정말요?", "완전 흥미로운데요", "저도 그러고 싶어요!" 등이다.

인생의 남다름을 보여준 사람들은 긍정적인 말을 한다. 다른 사람의 인생을 업시키는 사람도 긍정적인 말로 삶을 도배한다.

비판과 지적을 칭찬으로 바꿔라

내 인생을 업시키려면 어떤 일에 있어서 비판과 지적을 끊어야 한다. '비판은 쉽고, 건설은 어렵다.' 쉬운 비판으로 인생을 살려고 하지 않고, 어려운 성장으로 살고자 해야 한다.

연암 박지원은 "타인을 비판하는 것으로 명예를 얻는 것은 떳떳한 일이 못 된다"라고 했다. 비판을 통해 인생을 살고자 하는 태도는 다른 사람에게 추천하고 싶은 인생이라고 말하기 어렵다.

영화 〈위플래쉬〉는 그 뜻이 '채찍질'이다. 대학 신입생 앤드루는 최고의 재즈 드럼 연주자가 되려고 교내 밴드에 합류한다. 지도 교수는 스파르타식 교육으로 악명이 높은 플래처이다. 플래처 교수는 칭찬이 재능과 꿈을 좀먹는다고 여기는 사람이다. "그만하면 잘했어. good job"이라는 표현을 가장 혐오한다. 누군가 작은 실수라도 저지르면 "박자가 틀렸어", "바보", "멍청이"라는 말을 편하게 한다. 그는 학생들을 혀로 채찍질하고 제자들의 자존심까지도 후려치는 인물이다. 자존심에 상처를 주는 비판이나 채찍은 지나친 것이다.

리더는 비판을 하더라도 효과적으로 해야 한다. 효과적으로 비판하는 방법에는 다섯 가지가 있다.

첫째, 논리적이며 합리적이어야 한다.

둘째, 냉정함을 잃지 말아야 한다.

셋째, 비판하려는 것에만 한정해야 한다.

넷째, 비판하려는 바를 정확히 파악해야 한다.

다섯째, 주장의 근거가 충분해야 하며 그 출처가 있어야 한다.

인생을 말로 업시키는 삶을 살고자 한다면, 비판과 지적을 멈추고 칭찬으로 갈아타야 한다. 칭찬도 싸구려 칭찬이 아니어야 한다. 영국의 국왕 조지 5세가 버킹엄 궁전 서재 벽에 새겨 놓은 금언이 있다. '절대로 싸구려 칭찬을 하지 말고, 받지도 않아야 한다'이다. 칭찬할 기회가 있으면 놓치지 않고 해야 한다.

유정임은 『말과 태도 사이』에서 이렇게 말한다. "칭찬의 기회를 놓치지 말라." 칭찬의 기회를 놓치지 않아야 함은 물론, 싸구려 칭찬 대신 비싼 칭찬을 해야 한다.

우리가 비판과 지적 대신 칭찬을 해야 하는 이유는 단순하다. 칭찬하면 인정 욕구가 채워진다. 데일 카네기는 '사람들은 존경에 굶주려 있고 자신의 가치를 사람들이 알아주길 갈망한다'라며 사람들의 심리를 간파했다. 김범준은 『모든 관계는 말투에서 시작된다』에서 이렇게 말한다. "사람들의 마음에는 '인정 욕구'라는 것이 있다. 이 인정 욕구가 채워지지 않으면 사람들은 자존감이 낮아지기도 하고, 불안해하기도 하고, 심리적으로 불안정한 상태가 된다. 그런데 말투 하나로 상대방의 인정 욕구를 채워줄 수 있다. 바로 칭찬 말투다. 여기서 중요한 것은 상대방이 만들어낸 성과물이나 결과 등에 대해 칭찬하는 것보다 그 사람 자체에 대한 칭찬이 인정 욕구를 채워주는 중요한 포인트다."

그리스도인의 말은 비판, 지적에서 칭찬으로 바뀌어야 한다. 성공하는 사람에겐 1퍼센트 뭔가 마음을 끄는 것이 있는데, 그것은 바로 '칭찬'의 언어를 즐겨 쓴다는 것이다. 풀턴 쉰 주교는 이렇게 말한다. "한마디의 친절한 말은 의기소침한 사람들에게 격려를 준다. 그리고 잔인한 말은 다른 사람들로 하여금 무덤에 가는 날까지 흐느껴 울게 만든다."

또한 칼뱅은 "우리의 모든 말들은 친절과 은혜로 가득해야 합니다. 이를 위해서 우리는 남에게 유익이 되는 말과 친절한 말을 해야 합니다"라고 말한 바 있다.

친절을 의미하는 히브리 단어 '헤세드'는 역지사지하는 마음에서 출발해, 상대방의 희로애락을 나의 희로애락으로 공감하고, 타인의 고통을 경감하기 위해 실제로 애쓰는 행동이며, 타인의 경사를 진실로 기뻐하는 마음이다.

미국의 가정 사역자인 캐롤 레드는 자녀를 큰 인물로 키우는 3가지 원리를 가르쳐 준다.

첫째, 긍정적인 재능을 키우기 위해 "대단하구나"와 "정말 잘했어", "최고야!" 등 격려의 표현을 사용해야 한다.

둘째, 그 상황에 적합한 칭찬을 준비해야 한다.

셋째, 메모지나 카드에 창의적인 칭찬 한두 문장을 써서 아이들의 베개 위, 도시락 안, 신발 속, 방문, 이불 속, 교과서나 성경 갈피에 놓아 둔다.

칭찬은 삶을 행복하게 만든다. 일본 속담에 '친절한 말 한마디가 3개월간 겨울을 따스하게 해준다'가 있다. 이처럼 친절한 한마디의 말이 주는 힘이 크다.

데이 C. 셰퍼드는 「세 가지 황금 문」이란 아티클에서 "말하기 전에 언제나 세 가지 황금 문을 지나게 하라"고 한다. 그 세 가지 문은 '첫째, 참말인가. 둘째, 정말 필요한 말인가. 셋째, 친절한 말인가'이다. 그는 우리가 말하기 전에 이 세 가지 황금 문을 확실히 지나왔다고 생각하면 그 결과를 걱정하지 말고 담대하게 외치라고 전한다.

칭찬의 말을 하면 우리가 기대하지 못했던 것까지 선물로 받는다. 그러므로 말할 때마다 칭찬의 말로 도배하기를 주저하지 않아야 한다.

대화가 인생을 업(Up)시킨다

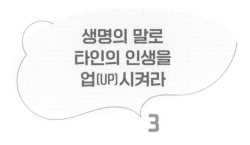

생명의 말로
타인의 인생을
업(UP)시켜라

3

타인에게 용기를 주는 말을 하라

'호모 로쿠엔스'(homo loques)라는 말이 있다. '언어를 사용하는 인간'이란 뜻이다. 인간이 사용하는 언어는 지구상에 6천 가지 이상 존재한다. 1백만 명 이상이 사용하는 언어만 해도 무려 250개나 된다.

언어생활이 우리의 인생 3분의 2를 점령한다. 그러므로 말하기를 잘해야 한다. 해야 하는 말 중에 우리가 반드시 할 말은 용기를 주는 말이다.

의사에게는 세 가지가 무기가 있다고 한다. 첫째, 말이다. 둘째,

메스다. 셋째, 약이다. 의사가 가진 무기 중 하나가 '말'이다. 의사뿐 아니라 누구에게나 말은 무기이다. 그 말을 타인의 인생을 업시키는 무기로 사용해야 한다.

알렉산드라 스터더드는 『바꿔 볼 만한 인생』에서 이렇게 말한다. "불행한 일을 당했음에도 성공한 사람들은 긍정적인 말로써 운명을 좋은 방향으로 바꾼다." 긍정적인 말로 자신을 바꾸었으면 다른 사람도 바꿀 수 있는 기회가 찾아온다. 타인의 인생을 업시킬 수 있는 가장 쉬운 말이 있다. "잘했어요", "수고했어요", "당신 최고예요"이다. 이런 말이 타인에게 용기를 주는 것은 물론 인생까지 업시킨다.

정병태는 『언어의 품격』에서 "'해야 한다'라는 말에 힘이 빠지고, '할 수 없다'라는 말은 힘을 뺀다"고 말한다. 그러나 "할 수 있다"는 말은 힘이 된단다. 우리가 할 말은 힘이 되는 말, 용기를 주는 말이다. 이런 말은 이왕 하는 것, 자주 하는 것이 좋다.

단점 찾기를 멈추고 장점 찾기를 하라

타인의 인생을 업시키려면 단점 찾기를 멈추고 장점 찾기를 해야 한다. "사랑합니다"라는 말도 좋지만 식상할 수 있다. 사랑을 다른 말로 바꿔 말하면 '장점 찾기'이다. 장점 찾기는 상대의 인생을 업시킨다. 장점을 말하는 것은 생명을 살리는 말이다.

장점 찾기란 어떤 것인가? 사랑의 다른 표현이다. 사람은 미움의 다른 표현인 단점 찾기를 잘한다. 상대의 단점을 찾아 원하는 만큼 깎아내리려 한다. 상대의 단점을 찾는 순간, 관계는 냉랭해진다. 사람이 말다툼할 때 하는 것은 칭찬이 아니라 단점 찾기이다. 상대와 좋은 관계를 유지하려면 장점 찾기를 해야 한다.

타인의 인생을 업시키려면 단점 찾기를 멈추고 장점 찾기를 해야 한다. 단점 찾기를 멈추고 장점 찾기를 하려면 용기가 필요하다. 용기를 내려면 자신의 마음을 어떻게 다스리느냐가 관건이다. 철학자 헤겔은 "마음 문의 손잡이는 안쪽에만 달려 있다"고 했다. 안쪽에 달려 있는 손잡이를 열려면 용기가 필요하다. 그 용기가 생명을 살린다.

우리가 용기 있게 할 말은 "사랑합니다"이다. 또한, 장점 찾기를 한 말이다. 벤자민 프랭클린은 성공의 비결에 관해 이렇게 말한다. "성공의 비결은 남의 험담을 결코 하지 않고 장점을 들추어 주는 데 있다." 그렇다. 할 수만 있다면 장점을 들추어 한 사람의 생명을 살려야 한다.

서양 속담에도 이런 말이 있다. 'Like Calls Like.' 즉, '좋은 것이 좋은 것을 부른다.' 장점 찾기를 하면 장점만 보인다.

사람이 한 사람을 좋아하는 마음이 있으면, 상대방에게 눈빛으로, 손짓으로, 표정으로, 몸짓으로, 공기로, 어떤 방법으로든 그 마음이 전달된다. 내가 상대방을 좋아하면, 상대방도 나를 좋아한다.

우리가 상대방과 잘 지내려면 장점 찾기를 해야 한다. 송정림은 『참 좋은 당신을 만났습니다 Ⅰ』에서 이렇게 말한다. "사람을 내가 먼저 좋아하기란 쉽지 않은 문제입니다. 그 비결 역시 단 하나입니다. 바로 그 사람의 장점을 많이 생각하는 것입니다. 그 이상의 비결은 없을 듯합니다."

상대방의 인생을 말로 업시키려면 장점 찾기가 최고의 비결이다. 반대로 단점 찾기를 하면 무서운 결과를 가져온다. 『명심보감』에는 '구시화지문(禍之門), 설시참신도(舌是斬身刀)'가 등장한다. 이는 '입은 재앙을 불러들이는 문이며, 혀는 곧 몸을 자르는 칼이다'라는 뜻이다. 그러니까 '입조심'을 강조하는 말이다. 장점을 찾은 입은 장점을 불러오지만 단점을 찾은 입은 재앙을 불러온다.

장점 찾기 등 긍정적인 말을 해야 한다. 긍정적인 말은 삶을 건강하게 만든다. 로라 쿠브잔스키(Laura Kubzansky) 하버드대학교 교수는 건강한 사람 1,300명을 대상으로 실험한 결과를 발표했다. 로라는 긍정적인 생각의 소유자일수록 부정적인 생각의 소유자보다 훨씬 건강하다는 것을 증명했다. 긍정적인 생각을 할수록 통증을 느끼는 비율도, 심장마비를 일으킬 가능성도 아주 적다는 것이다. 즉, 긍정적으로 생각을 바꾸면 인생에서 바뀔 것들이 너무나 많다는 것이 결론이다. 로라의 실험은 우리가 타인의 단점 찾기 대신 장점 찾기를 해야 할 이유를 말해준다. 우리는 상대방의 장점 찾기를 통해 타인의 인생을 업시켜야 한다.

기 꺾기를 멈추고 동기부여를 해야 한다

"옴메, 기죽어!"라는 말이 있다. 김미화가 코미디 프로에서 한 말이다. 남편이 아내의 기를 죽인다고 한 말이다.

타인과 좋은 관계를 맺기 위해서는 기 꺾는 대화가 아니라 기 살려주는 대화로 채워져야 한다. 대화를 하다 보면 자신도 모르게 기 꺾는 말이 나온다. 나의 기를 꺾는 말을 들으면 더 이상 그와 상종하고 싶지 않다. 혹자는 '어느 누가 기 꺾는 말을 하겠는가?'라고 할지 모르겠다. 하지만 기 꺾는 말을 하는 사람이 의외로 많다.

타인의 인생을 업시키려면 기를 꺾는 말이 아니라 기 살리는 말을 해야 한다. 기를 살리려면 비전의 말을 해야 한다. 밝은 미래가 있다는 말을 해야 한다.

기 살리는 말은 동기부여를 유발하는 말이다. 사람에게 필요한 것은 애정을 갖고 하는 동기부여이다. 동기부여는 외적인 영역이 아니라 내적인 영역이다. 동기부여가 되면 열정을 유지하기 위해 날마다 목표를 세워 열정을 불태운다.

기를 살리는 말은 타인의 내적인 영역에 동기를 부여한다. 사람이 살아가는 데 필요한 것은 활력과 동기부여다. 동기부여가 분명한 사람은 어떻게든 길을 찾아간다. 동기부여가 분명하지 않으니, 목표가 흐릿해지고 계속 흔들린다.

생명을 살리려면 동기를 불어넣어 주는 말을 해야 한다. 동기부여가 되지 않는다면, 자주 동기를 부여해 주는 말을 해주어야 한다. 동기를 부여하는 말에는 이런 것들이 있다. "할 수 있어!", "난 잘할 것이라 믿어", "하나님이 도와주시잖아!" 등이다. 동기부여가 되지 않고 기가 꺾인 채로 산다면 살아갈 이유를 찾지 못할 수도 있다.

심리학 용어에 '폴리크라테스 콤플렉스'가 있다. 이 말은 '스스로에게 가하는 채찍질'로 '나는 고생해도 싸'라고 하는 것을 뜻한다. 영국의 심리학자이자 정신분석가인 존 플루겔은 인간은 누구나 희미하게라도 초자아의 기준에 부합하기 위해 의식적으로 노력하는데, 그렇지 못할 경우 죄책감을 느끼게 된다고 했다. 초자아란 양심과 같은 것이라서 스스로 창피함이나 죄책감을 느끼게 하는, 인간 마음 깊숙한 곳에 위치한 것이다. 죄책감을 느끼면 사람은 '처벌에 대한 욕구'를 경험한다. 스스로에게 형벌을 가하는 것이다. 플루겔은 이와 같은 현상을 '폴리크라테스 콤플렉스'라고 정의했다.

대화를 통해 기가 꺾으면 '폴리크라테스 콤플렉스'가 작동한다. 우리는 기를 살릴 수 있는 방법으로 타인과 대화해야 한다. 생명을

대화가 인생을 업(Up)시킨다

살리는 대화를 하려면 대화 원칙을 적용해야 한다. 그 원칙은 일곱 가지이다.

첫째, 항상 연장자에게 발언권을 준다.

둘째, 다른 사람의 이야기 도중에 끼어들지 않는다.

셋째, 말하기 전에 먼저 생각한다.

넷째, 당황하면서 서둘러 대답하지 않는다.

다섯째, 질문과 대답을 간결하게 한다.

여섯째, 처음 할 이야기와 나중 할 이야기를 구별해야 한다.

일곱째, 잘 알지 못하고 말했거나 잘못 말한 것은 솔직하게 인정한다.

이 일곱 가지 원칙으로 대화를 하면 기 꺾는 대화가 아니라 기 살리는 대화를 할 수 있다. 동기부여로 기 살리는 대화를 하면 타인의 인생을 업시킬 수 있다.

생명을 살리는 대화는 기 살리는 대화이다. 기 살리는 대화는 좋은 분위기를 형성한다. 좋은 분위기는 대화에 참여하는 사람의 마음을 연다. 그러면 열린 마음으로 생각하지 못한 대화가 오고 간다.

Chapter 4

대 화 가
부   부
관 계 를
업〔UP〕
시 킨 다

Up 대화가
인생을
시킨다

대화가
부부 관계를
바꾼다

1

부부는 대화가 많아야 한다

부부간에 대화가 가장 많다. 대화 없이 맺어진 부부는 없다. 많은 대화로 부부가 되었다. 대화로 인해 부부는 가장 친밀한 관계가 된다. 에드워드 홀은 사람들이 상황에 따라 이용하는 거리를 크게 네 가지로 나누었다. 첫 번째 거리는 45센티미터 이내로 '친밀한 거리'이다. 친밀한 거리를 유지하는 것은 부부와 연인뿐이다.

결혼생활 후 한순간에 부부의 대화가 급격히 준다. 많은 부부의 위기는 대화가 줄 때부터 시작된다. 대화의 단절이라는 문제 때문이다. 부부 사이엔 대화가 많은 것이 정상이다. 부부는 세상에서 가정을 꾸리기 위해 머리를 맞대고 지혜를 모아야 하는 관계이기 때문이다.

대화가 많은 부부는 행복하다. 행복한 부부의 특징 중 한 가지가 대화를 많이 한다는 것이다. 대화가 많으면 부부간 대화의 질이 높아진다. 시간이 흐를수록 낮은 수준의 대화인 잔소리에서 높은 수준인 격려와 칭찬으로 바뀐다. 대화가 많은 부부는 서로에 대한 관심으로 많은 대화를 한다. 행복한 부부는 낮은 대화로 시작해 높은 대화로 나아간다.

부부간에 대화가 줄어드는 이유는 대화법을 모르기 때문이다. 하고 싶은 말을 하는 것이 대화가 아니다. 대화란 서로에 대한 예의, 존경심으로 감정을 고려하며 주고받는 것이다. 부부 사이에 대화가 많으려면 노력해야 한다. 피카이로는 이렇게 말한다. "결혼이란 단순히 만들어 놓은 행복의 요리를 먹는 것이 아니라, 어제부터 노력해서 행복의 요리를 둘이 만들어 먹는 것이다." 부부는 대화하고자 노력해야 한다. 질적인 밀도가 높은 대화의 장을 만들기 위해 노력해야 한다.

부부의 대화가 중요하다. 부부의 대화가 이루어지면 부부 문제 70퍼센트 이상이 해결된다. 부부 사이에 대화가 많아져야 서로에 대한 이해도가 높아진다. 대화가 많아지면 불편한 관계가 아니라 친밀한 관계가 된다. 부부는 대화를 통해 얼음장처럼 차가운 관계가 아니라 구들장에 불 지핀 방처럼 뜨끈한 관계가 되어야 한다.

대화가 많아지면, '홀로 시청하기'에서 '함께 대화하기'로 전환된다.

부부가 대화가 많아지면 '홀로'에서 '함께'로 바뀐다. 부부가 대화를 하면 각자 놀기, 홀로 텔레비전 시청하기에서 함께 놀기, 함께 대화하기로 전환된다.

부부에게서 대화가 실종되면 홀로 텔레비전을 시청하게 된다. 각자 시간 보내기를 한다. 내 주장만 늘어난다. 그러면 불행한 가정이 만들어진다. 가정이 불행해지면 공동체의 믿음 생활도 흔들린다. 가정에 하나님의 음성이 아니라 사람의 소리만 무성해진다.

대화가 많은 부부가 되어야 한다. 대화가 많으면 부부가 바뀐다. 부부 사이에 따뜻한 온기가 흐른다. 따로국밥 관계에서 함께 국밥을 말아 먹는 관계로 전환된다.

하나님은 가정을 만드셨다. 하나님의 온기가 넘치는 따뜻한 가정을 만드셨다. 부부는 하나님께서 만들어주신 가정을 대화로 일구어야 한다.

가정에는 아내도 있어야 하고, 남편도 있어야 한다. 둘 중 한 명이 없으면 대화를 나눌 배우자가 없게 된다. 가정에는 아내도 남편도 있어야 한다. 이탈리아 속담, '아내가 없는 자는 잎과 가지가 없는 나무와 같다'는 아내의 존재가 얼마나 소중한가를 깨우쳐준다. 부부의 대화가 없는 가정은 아내가 없는 가정과 같다. 그곳은 사랑과 이해가 없는 가정이 된다.

대화가 없으면 그나마 대화할 때마다 상처 주는 내용이 주를 이룬다. 한 아내는 남편에게 들은 가장 섭섭했던 말이 "바퀴벌레가 나비 되나?"였다고 한다.

외출하기 위해 아내가 화장하는 중이었다. 기다리던 남편이 기다리다 못해 한 말이 이 말이었다. "그렇게 열심히 화장한다고 바퀴벌레가 나비 되나?" 남자들이 별 의미 없이 단순히 하는 말이지만 이는 대화가 많지 않은 부부에게 일상적으로 벌어지는 풍경이다.

이런 부부에게는 긴장감이 필요하다. 힘들고 스트레스를 받는 긴장이 아니라 신선하고 행복 바이러스가 피어나는 긴장 말이다. 긴장감이 없으면 대화가 힐난으로 바뀌는 데 그다지 오랜 시간이 걸리지 않는다.

신혼 때는 밤새는 줄 모르고 대화를 한다. 결혼생활을 하면 할수록 대화가 줄어들어 서로에게 짙게 상처 주는 말이 난무해진다.

부부는 대화를 많이 해야 한다. 대화가 많아지면 관계를 다운시키지 않고 업시킨다. 각자 놀기, 홀로 텔레비전 시청하기에서 함께

대화가 인생을 업(Up)시킨다

놀기, 함께 대화하기로 전환된다.

부부의 많은 대화는 부부를 사랑의 관계로 만든다. 그 사랑은 대화로 시작해 대화로 꽃을 피운다. 남편의 "여보~, 힘들지?"라고 하는 말에 아내는 남편의 사랑을 느낀다. 아내의 "여보~, 내가 당신을 위해 기도하고 있어요"라는 말에 남편은 아내의 사랑을 느낀다.

'표현하지 않으면 알 수 없다'는 말이 있다. 대화하지 않는데 표정을 보고 스스로 알 수는 없다. 그렇게 아는 것은 반쪽짜리다. 부부는 대화가 많아야 한다. 많은 대화가 부부간 사랑을 느끼게 한다. 대화가 없으면 서로의 사랑을 느낄 수가 없다. '사랑은 말할 때 이루어진다'는 것을 안다면 대화를 통해 사랑을 느낄 수 있도록 해야 한다.

말 없는 부부가 정겹게 말하는 부부로 바뀐다

대화를 많이 나눈 부부의 마지막은 아름답다. 남편이 먼저 하늘나라로 가자 상복을 한 중년의 여인이 남편의 영정 앞에 서서 세 마디를 한다.

"여보, 사랑해요. 잘 알지?"

"여보, 미안해요. 끝까지 함께하지 못해서…"

"여보, 고마워요. 소중한 아이들을 주고 가서…"

이날 대화의 주인공은 고(故) 한기택 대전고등법원 부장판사와 그의 부인 이상연 씨다. 부인 이 씨는 슬픔에 젖은 남편의 친구와 동료들을 위로할 때는 눈물을 보이지 않다가 이 말을 하면서 처음으로 눈물을 보였다. 정겹게 대화하는 부부는 마지막이 최고다. 결혼이란 길고 긴 대화의 예술이라고 한다. 긴 대화를 통해 최상의 부부가 된다.

부부가 대화를 시작하면 말 없는 부부도 정겹게 대화하는 부부로 바뀐다. 세상에 대화가 끊긴 부부가 많다. 대화가 단절 상태인 말 없는 부부, 즉 쇼윈도 부부다.

살면서 금기 사항이 있다. 부부의 대화가 끊기면 안 된다. 대화가 끊기는 원인에는 여러 가지가 있다. 정혜신은 오해를 쉽게 하고, 더 실망하고, 쉽게 상처를 주고받기 때문이고 한다. 그녀는 『당신이 옳다』에서 이렇게 말한다. "사랑하는 사람일수록 공감에 실패할 확률이 더 높아진다. 관계가 깊어질수록 사람은 더 많이 오해하고 실망하고 그렇게 서로를 상처투성이로 만든다. 서로에 대한 정서적 욕구, 욕망이 더 많아서 그렇다."

부부는 대화가 끊기는 이유를 근본적으로 차단해야 한다. 연애 시절과 신혼 초에는 대화가 많았다. 그 이유를 분석해 정겹게 대화하는 관계로 만들어야 한다. 연애, 신혼 초에는 대화가 끊임이 없다. 사소한 것을 주제 삼아 대화한다. 그때는 세상에 내 편은 남편뿐이

대화가 인생을 업(Up)시킨다

라고 생각한다. 시간이 흐르면 상황이 바뀐다. 대화가 사라진다. 연애와 신혼 시절의 단꿈 같은 행복은 아득한 추억이 된 지 오래다. 조금만 소홀히 하면 정서적으로는 이혼 단계로 들어선다.

결혼생활이 길수록 대화가 많아야 한다. 하나님은 부부의 막힌 담을 허물기 위해 오셨다.

에베소서 2장 14절을 보면, 예수님이 이 땅에 오셔서 우리와 하나님 사이에 막힌 담을 허무시고 하나님과 화평케 하셨다.

부부의 화평은 대화로부터 시작된다. 대화가 단절된 부부도 대화가 시작되면 벽에다 대고 말하던 부부가 꼭 붙어서 대화한다.

삼위일체 하나님은 대화가 아주 많으시다. 하나님은 부부에게 삼위일체 하나님처럼 대화가 많기를 바라신다. 하나님은 그 자녀들에게 생명을 얻게 하되 더 풍성히 얻게 하시려고 이 땅에 오셨다(요 10:10). 즉, 하나님께서 맺어 주신 부부는 하나님이 주시는 풍성한 은혜를 보장받은 사이다.

하나님의 은혜가 풍성한 부부는 대화가 많은 부부이다. 정겨운 부부, 사랑이 넘치는 부부로 살라고 엮어주셨다. 아리스토텔레스는 "인간 삶의 목적은 행복이다"라고 했다. 부부의 행복 출발점은 대화이다. 말 없는 부부가 아니라 대화가 많아서 정겨운 부부가 되어야 한다.

부부는 대화가 많아야 한다. 남자와 여자는 인격체로서 생각과 감정이 다르다. 아내는 남편과 틀리지 않고 많이 다르다. 남편과 아내는 틀리지 않고 다르니, 대화로 그 다른 간극을 메꿔야 한다.

남자와 여자는 어떻게 다른가? 일반적으로 여자는 감성적이고, 남자는 이성적이다. 이성적인 남자는 객관적인 사실과 논리, 해결 방안 위주로 사고하고 대화한다. 즉 머리로 대화한다. 감성적인 여자는 마음으로 대화한다. 그러기에 대화할 때는 상대방과 공감하고자 하는 마음으로 해야 한다. 만약 각자의 방식대로 대화하는 것을 고집한다면 아무것도 아닌 일에서 오해와 갈등이 쌓인다. 부부는 다르므로 서로에 대해 있는 그대로 공감하고자 해야 한다. 오수향은 『모든 대화는 심리다』에서 "대화에서 갈등이 생긴다면 우선 상대방의 말에 공감하려고 노력해야 한다. 보통의 상태일 때보다 의식적으로 더 노력하는 태도가 필요하다"고 말한다.

말이 없는 부부들의 내면을 보면 서로에 대해 불만이나 상처가 쌓여있는 경우가 많다. 어느 시점에서 대화가 끊어진 것이 결정적인 원인이다.

부부는 대화가 많아야 한다. 정연주는 『말을 잘한다는 것』에서 "말이 달라지면 인생이 달라진다"고 한다. 그녀는 말을 잘한다는 것은 인생을 잘 살아간다는 의미란다. 셰익스피어는 "인생을 망치지 않으려면 자신의 말에 신경을 써야 한다"고 했다.

부부는 대화할 때, 편하게 하려고 하기보다 신경 써서 배우자의

대화가 인생을 업(Up)시킨다

마음을 살피며 조심스럽게 대화해야 한다. 센스 있게 대화에 임해야 한다. 부부는 대화가 많아야 한다. 대화가 많으면 해 질 녘 노을을 바라보며 두 손 맞잡고 미소 띤 얼굴로 마주하는 날이 많아진다.

'무시하는 부부'에서 '서로를 존중하는 부부'로 바뀐다

대화는 부부 관계를 바꾼다. '무시하던 부부'에서 '서로를 존중하는 부부'로 바꾸어 준다. 무시하는 부부는 대화가 없어서 그렇게 된 것이다. 서로 무시하면 대화할 자체를 느끼지 못한다. 서로를 존중하는 부부는 많은 대화를 통해서 이루어진 것이다. 부부 관계는 대화로 시작되고 대화로 해결이 가능하다. 전술한 것처럼 대화가 이루어지면 부부 문제의 70퍼센트 이상이 해결된다. 대화할 때는 지적하는 대화가 아니라 존중하는 대화를 해야 한다. 존중하는 대화를 하려면 지적하게 되는 '너 메시지'(Your-Message)가 아니라 존중하게 되는 '나 메시지'(I-Message)로 해야 한다.

부부 사이에 대화가 이루어지면 부부 관계가 변화된다. 소중하게 여기지 않는 무시가 아니라 소중하게 여기는 존중으로 바뀐다. 서로 존중받는 부부가 되려면 부부만의 언어를 구사해야 한다. 부부만의 언어는 다른 관계에서는 할 수 없다. 기독교 심리학자 게리 채프먼(Gary Chapman)은 배우자 간에는 5가지 언어가 있다고 말한다.

첫째, 인정하는 말. 둘째, 함께하는 시간. 셋째, 선물. 넷째, 봉사. 다섯째, 육체적인 접촉(스킨십)이다.

부부간에 대화가 없으면 5가지 언어가 아니라 1가지 언어도 사용하지 않는다. 서로를 무시하는 대화를 하게 되는 이유는 다섯 가지 중 한 가지에서 두 가지만 부부 언어로 사용하기에 그렇다. 무시하는 부부는 무시하는 것으로 그치지 않는다. 결국 파경에 이른다. 부부를 파경에 이르게 하는 말이 많다. 삼성경제연구소에서는 부부 관계를 파경에 이르게 하는 말을 네 가지로 분류했다.

첫 번째는, "당신이 하는 게 늘 그렇지. 언제 잘한 적이 있냐?"다. 아주 평범한 말 같은가? 그러나 관계의 모든 가능성을 차단하여 듣는 사람이 깊은 상처를 받는 말이다.

두 번째는, "너나 잘해"다. 이는 반성 없이 상황을 회피하는 말이다.

세 번째는, "주제 파악 좀 해"이다. 이는 배우자를 하찮게 여기고 비하하는 말이다. 배우자의 자아를 공격하여 상처를 입히는 말이다.

네 번째는, 아예 말대꾸를 안 하는 것이다. 무슨 말을 해도 들은 체만 하는 경우로 '너는 네 말해라. 나는 내 말한다'라는 식이다. 무시만큼 상대를 존중하지 않는 것이 있을까.

'무시하는 부부'에서 '서로를 존중하는 부부'로 바뀌려면, 배우자를 예의 있게 존중해야 한다. 유정임은 『말과 태도 사이』에서 이렇게 말한다. "상대를 존중하면 상대도 예의를 다한다."

배우자를 존중하는 언어를 사용하느냐의 여부에 따라 '무시하는 부부'인지, '서로를 존중하는 부부'인지 알 수 있다.

무시하는 말을 하는 부부는 안타깝게도 존중을 받아 본 적이 없는 경우가 허다하다. 사람에 대한 예의를 배워 본 적이 없다. 인정을 받고 존중을 받아 본 사람들은 결코 무례하지 않다. 갑질 행각으로 사회적 지탄을 받는 돈과 힘의 권력형 무례의 원인은 진정한 존경을 받은 경험이 없어서 야기되는 것이다. 자본주의 사회에서 돈에 대한 겉치레적인 복종만을 누려 온 것이 그 원인이다. 결코 진정한 '갑'이 되지 못하는 분노를 엉뚱한 데 풀어내는 것이니 안타까울 따름이다.

부부는 배우자를 무시하지 않고 예의 바르게 서로를 존중해야 한다. 장차오는 『마음을 사로잡는 말 센스의 비밀』에서 "부부간에는 센스 있게 말하라"고 한다. 그는 나쁜 말투, 평범한 말투가 아니라 센스 있는 말투를 사용하라고 권한다. 센스 있게 말할 때 무시당하는 기분이 들지 않고 존경받는 기분이 든다.

센스 있는 말투는 감정을 상하지 않게 함을 물론 감정을 북돋아준다. 그는 기술 1달러 더하기 재치 있는 말솜씨 9,999달러라고 한다. 재치 있는 말 센스는 부부 관계에서 중요하다.

무시하는 부부의 대화 유형은 두 가지이다. 첫째, 말을 독점한다. 둘째, 의미 없는 잔소리를 많이 한다. 부부 사이에 대화를 독점하지 말아야 한다. 부부 대화는 잔소리가 되면 안 된다. 잔소리가 되면 더 이상 대화할 의미를 느끼지 않게 된다. 잔소리만 안 해도 무시하는 부부가 되지 않는다.

대화가 인생을 업(Up)시킨다

대화가 '내 감정 중시'에서
'상대 감정 중시'로
전환된다

2

라포가 형성되는 대화를 해야 한다

대화를 하면 감정이 교류된다. 대화를 할 때면 부드러운 감성이 적극적으로 작동된다. 부부의 대화에는 두 종류가 있다. 사무적인 대화와 느낌 있는 대화이다. 부부가 할 대화는 사무적인 대화가 아니라 느낌이 있는 대화이다.

느낌 있는 대화에는 감정 교류가 포함되어 있다. 부부가 감정을 교류하면 '라포'(rapport)가 형성된다. 라포는 두 사람 사이의 상호 신뢰관계를 나타내는 심리학 용어이며 프랑스어로 '가져오다, 참고하다'라는 사전적 의미를 지니고 있다. 주로 환자와 의사 사이의 심리적인 믿음이 나타낼 때 사용하며 사람과 사람의 마음이 통하는 관계, 마음을 터놓을 수 있게 서로 믿고 마음을 여는 것을 뜻한다.

부부는 물론 낯선 이와의 대화에도 라포 형성이 중요하다. 부부라면 라포 형성 없는 대화는 하지 않아야 한다. 부부는 첫마디부터 라포가 형성되는 대화를 해야 한다. 예를 들면 이런 것이다.

"오늘 꿀잠 잤어", "오늘 힘들었지, 그래서 피곤하지?", "오늘은 좀 쉬어, 설거지 내가 할께!", "오늘 날씨 좋지?", "아침 식사는 맛있지?", "오늘 하루 어떻게 보낼 거야?" 등이다. 부부는 이런 대화를 해야 한다.

감정을 교류하는 부부는 라포 형성이 매번, 매일 일어난다. 그렇다면, 어떤 대화가 부부의 라포 형성을 촉진할까?

유정임은 『말과 태도 사이』에서 부부간에 라포가 형성되는 대화의 예시를 다음과 같이 든다.

"항상 챙겨주는 마음, 진짜 고마워", "언제나 노력해 줘서 감동하는 거 알지?", "매일 감탄하지만 오늘 버섯탕은 더 감동이었어! 가족들 잘 챙겨줘서 감사해", "엊그제 보니 손등이 텄더라. 핸드크림 하나 챙겼어! 항상 고마워" 등이다.

유정임은 사회생활에 필요한 대화의 기법도 다음과 같이 서술

대화가 인생을 업(Up)시킨다

한다.

"어제도 야근 도와준 막내. 치맥 쏜다! 언제나 그 모습에 감동하는 거 알지?", "길 건너 카페에 들렀다가 과장님 생각나서 한 잔 사왔어요. 항상 챙겨주셔서 감사해요" 등이다.

라포가 형성되면 부부만의 스토리도 만들 수 있다. 외로움에서 든든함으로, 피곤함에서 따뜻함으로, 이성적으로 움직이지 않고 마음으로 움직이게 한다. 부부는 라포가 형성된 상태로 대화를 해 서로의 마음을 따뜻하게 해주어야 한다.

무관심이 깊은 관심으로 바뀐다

부부 대화의 출발점은 내 감정 중시가 아니라 상대 감정 중시여야 한다. 부부는 서로 간에 관심이 지극히 많다. 서로에 대한 관심이 더 커지게 하는 것이 대화이다. 대화로 감정 교류가 이루어지니 대화를 할수록 관심은 천장을 뚫을 기세가 된다.

부부는 감정 교류가 활발해야 한다. 그래야 없던 관심도 생긴다. 무관심했더라도 급속도로 관심이 생긴다. 부부가 서로에게 관심이 커진 이유는 대화에 경청을 잘했기에 그렇다. 부부의 대화는 무관심을 관심으로 바꾸어 준다. 무관심의 부부가 대화를 한다면, 관심의 증표인 남다른 경청의 모습을 보여야 한다. M. 스캇 팩은 『아직도 가야 할 길』에서 부부 상담을 할 때 "서로에게 듣는 법을 가르쳐서 관심을 갖도록 한다"라고 한다. 그는 상담하러 온 부부가 수행할 주요 과제는 배우자의 이야기를 듣는 법이라며 다음과 같이 서술한다.

"부부가 상담이나 치료를 받으러 왔을 때 치료사가 수행할 주요 과제는 배우자의 이야기를 듣는 법을 가르치는 것이다. 그러나 이 일은 적지 않게 실패한다. 진심으로 듣는 능력은 연습을 하면 차츰차츰 향상한다. 그러나 노력 없이는 불가능하다. 기본적으로 관심을 갖는다는 것은 시간을 함께 보낸다는 말이다. 관심의 질은 함께 있는 동안 얼마나 집중했는가에 비례한다. 사랑은 노력이기 때문에 사랑하지 않음의 본질은 게으름이다."

무관심의 부부에게 관심을 갖게 하려면 '대화의 1-2-3 법칙'을 적용해야 한다. 이것은 아래와 같다.

첫째, 자기의 말은 1분 동안만 하고
둘째, 상대방의 말은 2분 동안 들어주고
셋째, 3분 동안 상대방의 말에 맞장구쳐라

무관심의 부부에게 필요한 것은 말하는 법보다 경청하는 자세다. 경청하는 법을 알아야 상대방의 말을 2분 동안 들어주고, 3분 동안 맞장구칠 수 있다. 그래야 무관심이 관심으로 바뀐다.

무관심의 부부가 관심으로 바뀌면 부부간 마음의 거리가 짧아진다. 공간의 거리도 짧아진다. 사회적 거리에서 친밀한 거리로 바뀐다. 김미경은『아트 스피치』에서 대화할 때 공간의 중요성을 이렇게 말한다.

"연인들은 서로 마주 보고 앉는다. 조금 가까워지면 대각선 방향으로 앉고 관계가 무르익으면 옆자리에 나란히 앉는다. 뜨겁게 달아오를 때는 서로를 30cm 안에 두지 못해 안달이다. 기회만 되면 공간을 좁히려 한다. 마음이 멀어지면 공간도 멀어진다. 마음이 멀어지면 몸과 몸 사이에 공간이 커지는 법이다."

무관심한 부부는 공간 거리가 사회적 거리 이상이다. 관심 있는 부부는 친밀한 거리보다 가깝다. 무관심의 부부가 관심의 부부로 바뀌면 첫 번째로 변하는 것이 함께 보내는 시간이다. 그 시간이 훨씬 많아진다.

부부가 서로에게 관심이 급격하게 많아지면 대화도 바뀐다. 말 없음, 잔소리와 비난에서 칭찬, 사랑의 말이 된다. 설령 못했어도 잘

했다고 말한다. 잘했으면 앞으로 더 잘할 것이라고 주저하지 않고 말한다.

부부가 서로에게 관심 생기면, 대화의 꽃이 하늘의 무지개처럼 핀다. 박필은 『예수님께 배우는 대화의 법칙』에서 부부간에는 대화가 통해야 한다고 말한다.

"부부간에 대화가 통한다는 것, 가족 사이에 대화의 꽃이 핀다는 것, 사람들과 좋은 관계를 갖는다는 것은 너무 중요합니다. 이것이야말로 사랑을 나누고 인생을 행복하게 살아가는 데 아주 중요한 것입니다. 때문에 잠언 12장 14절에서는 '사람은 입의 열매로 인하여 복록에 족하며'(개역한글) 라고 합니다. 사람의 행복은 입술의 열매만으로도 만족할 수 있다는 말입니다."

부부는 대화가 통해야 한다. 대화가 통하면 전과 완전히 다른 칭찬 일색이 된다. 그동안 가장 받고 싶었던 것이 칭찬이다. 큰 칭찬이 아니라 작은 칭찬이다. 무관심의 부부 사이는 칭찬에 목말라 있다.

부부만 그렇지 않다. 사람이라면 칭찬을 갈구한다. 정신질환을 앓고 있던 네덜란드의 위대한 화가 빈센트 반 고흐 역시 칭찬을 정말 듣고 싶어 했다. 귀가 잘생겼다는 칭찬의 말과 함께 그의 귀를 쓰다듬어 준 매춘부를 위해 자신의 귀를 칼로 잘라 내민 것에서 알 수 있다.

다산 정약용은 형인 정약전의 인정을 받아야만 그 책을 비로소

대화가 인생을 업(Up)시킨다

다른 사람에게 보였다. 형은 다산의 책을 아낌없이 칭찬하고 자기 일처럼 기뻐했다. 칭찬이 다산이 더 많은 책을 쓰도록 이끌었음을 알 수 있다.

부부 대화는 무관심을 관심으로 바꿔준다. 쑥스러워서 하지 못하던 칭찬도 거침없이 하게 만든다.

'내 감정 중시'에서 '상대 감정 중시'로 전환된다.

부부는 감정 교류를 하며 대화한다. 감정 교류가 없으면 늘 대화에 목말라한다. 부부가 대화할 때 감정을 교류하면 생각하지 못한 변화가 일어난다. '내 감정 중시'에서 '상대 감정 중시'로 생각이 전환된다. 그리고 대화가 전환된다. 내가 하고 싶은 말에서 배우자가 행복해질 수 있는 대화를 하기 때문이다.

부부가 대화에서 내 감정 중시로 대화하면 자기 말만 늘어놓게 된다. 이후부터 배우자는 말하기를 멈춘다. 부부 중 한 명은 자기 말만 하고, 한 명은 말하지 않게 된다.

말하기 좋아하면 내 감정 중시보다 상대 감정 중시를 더 해야 한다. 상대방의 감정을 중시해야 지나치게 많이 말하는 것을 절제할 수 있다. 특히, 나이가 든 부부라면 말하기 좋아하는 사람은 지나치게 많이 말할 수 있다. 이때 상대 감정을 중시해야 한다. 나이가 들면 많은 말에 쉬이 피곤해진다. 부부가 늙어 가면서 자기도 모르게 저지르는 잘못 중 하나는 말하기를 지나치게 밝히는 것이다.

부부가 상대 감정을 중시하면 말을 조절한다. 김윤나는 『말 그릇』에서 인격이 훌륭할수록 말 조절할 능력을 갖춰야 한다고 한다.

"사람은 나이가 들수록 말을 욕심내게 된다는 뜻이다. 인격이 훌륭한 사람들도 넘치는 말을 조절하지 못해 그 진가가 묻힐 때가 있다. 그 흐름을 바꾸려면 인내와 수양의 시간이 필요하다."

나이가 들면 말을 욕심낸다. 그리스도인은 욕심의 방향을 바꿔야 한다. 말하기에서 경청으로 바꿔야 한다.

김윤나는 상대의 감정을 중시한다면 침묵보다 나은 말이 있을 때만 입을 열라고 조언한다. 부부가 말에 대한 욕심을 내려놓아야 한다는 뜻이다. 말하기를 조절할 줄 아는 것이 가장 높은 경지의 말하기 기술이라 할 수 있다. 적절한 순간에 침묵하고 경청하며 적절하게 말하고, 필요한 것을 질문하는 것이야말로 가장 세련된 말하기 기술이다.

부부는 상대의 감정 중시는 물론 말에 책임 의식을 가져야 한다. '책임감'이란 영어 단어 'Responsibility'은 'Response+ability'의 조합이다. 즉, 반응할 수 있는 능력이 책임감이다. 배우자의 말에 어떻게 반응하느냐가 부부가 가질 책임 의식이다. 책임 의식을 갖고 대화하는 것이 상대의 감정을 중시하는 대화이다.

대화가 인생을 업(Up)시킨다

장점을
더 부각시킨다

3

배우자를 하나님의 걸작품으로 본다

대화는 부부 관계를 업시킨다. 부부 관계를 업시키는 것은 장점 부각을 통해 알 수 있다. 전에는 관심도 갖지 않고 무시하던 배우자를 하나님의 걸작품으로 본다. 배우자의 장점을 부각시키니 저절로 하나님의 걸작품으로 보인다.

부부의 장점을 발견하면 이전과 다른 사람으로 보인다. 단점만 발견하니 소중하게 보이지 않았다. 그러나 장점을 발견하는 순간, 소중함을 지나 하나님의 걸작품으로 보인다.

블레셋 장군인 골리앗이 40일 동안 소리를 고래고래 지르고 싸울 장수 나오라고 도발한다. 사울 왕과 신하들은 하나님의 위대함이라는 장점을 발견하지 못한다. 골리앗이 무서워 벌벌 떨기만 했다. 그러자 골리앗은 자신이 이스라엘을 모욕하러 왔다는 말을 되풀이한다(삼상 17:25). 이때 하나님의 강점과 자신의 장점을 발견한 소년이 있다. 후에 이스라엘의 왕이 되는 다윗이다. 그는 이스라엘 사람을 하나님의 걸작품으로 본다. 하나님의 걸작품을 위해 자신이 할 일이 있다고 여긴다. 그런 마음으로 물맷돌을 던져 골리앗을 죽여 전쟁에서 승리한다.

부부는 대화로 배우자의 장점을 발견하되, 하나님의 걸작품으로 발견해야 한다. 대화하지 않고도 발견할 수 있지만 대화하면 더 많고 정확하게 발견할 수 있다.

컬럼비아대학의 한 연구진이 협상 실험을 했다. 그들은 '사건의 분위기가 긍정적인 협상자는 협력적인 태도를 취하고, 사전에 분위기가 부정적인 협상자는 비협력적인 태도를 취한다'는 연구 결과를 내놓았다. 연구진은 협상에 앞서 참가자들에게 다음과 같은 정보를 전달하여 한 집단에는 긍정적인 분위기를, 다른 집단에는 부정적인 분위기를 유도했다.

긍정적인 정보: 산불이 발생했는데, 때마침 집과 반대 방향으로 강풍이 불어 일가족 다섯 명이 살 수 있었다는 이야기

대화가 인생을 업(Up)시킨다

부정적인 정보: 산불이 발생하여 일가족 다섯 명이 숨졌다는 이야기

협상자는 이러한 정보를 들은 후 가상의 협상 게임에 참여했다. 실험 결과, 긍정적인 분위기를 유도 받은 집단에서는 77퍼센트가 상대와 협력하는 전략을 선택했고, 경쟁해서 상대에게 손해를 입히는 전략을 선택한 경우는 2퍼센트에 불과했다.

반면, 부정적인 분위기를 유도 받은 집단은 46퍼센트만이 서로 협력하는 전략을 선택했으며, 54퍼센트는 경쟁을 통해 상대방에게 피해를 주는 전략을 선택했다. 결국, 사전 분위기에 따라 많은 것이 바뀐다는 사실을 기억해야 한다.

부부도 배우자의 장점을 보느냐, 단점을 보느냐에 따라 서로의 관계는 큰 차이가 난다. 평생 한집에서 살아야 하는 부부는 대화로 배우자의 장점을 발견하는 데 최선을 다해야 한다.

편견을 버리고 객관적으로 바라본다

부부는 대화할수록 서로를 객관적으로 바라보게 된다. 대화하지 않으면 소견과 편견을 버리지 못하고 서로를 객관적으로도 바라보지 못한다.

박필의 『예수님께 배우는 대화의 법칙』에는 '걸림돌 언어'라

는 단어가 등장한다. 저자는 관계를 깨뜨리는 말, 즉 '걸림돌 언어'(roadblocks)를 사용할 때 대화가 단절되고 갈등이 일어난다고 한다. 특히 우리나라 대부분의 사람은 관계를 깨뜨리는 말을 사용하기에 가정과 사회에서 갈등과 다툼이 많다고 한다. 그러므로 먼저 관계를 깨뜨리는 말, 즉 대화의 걸림돌이 되는 말이 어떤 것인지 이해하는 것이 커뮤니케이션의 출발이라고 한다.

성경에 보면 바리새인과 서기관들은 예수님께 "안식일에 병 고치는 것이 옳은 것인가?", "참담하다"는 등 계속 걸림돌 언어를 사용한다. 예수님은 바리새인과 서기관들을 크게 책망하실 때 외에는 걸림돌 언어를 사용하지 않으신다.

박필 목사는 '걸림돌 언어'의 예를 든다. 대학을 다니던 아이가 사업을 배우기 위해 학교를 그만두고 취직하겠다고 하는 상황을 가정할 때, 흔히 나타나는 부모의 반응이 걸림돌 언어의 유형이다. 부모들은 대부분 다음과 같은 걸림돌 언어를 사용한다.

그건 안돼! 학교는 졸업하도록 해!
학교 그만두고 취직하려면 아예 집에서 나가!
사업도 좋지만 머리에 든 게 있어야지.
대학 졸업을 해야 사업을 해도 더 대우를 받을 수 있다.
쉽게 결정하기보단 한 학기만 더 다녀 보고 결정해 봐.

대화가 인생을 업(Up)시킨다

너는 생각하는 게 아직도 어린애야.

너는 머리가 좋잖아. 그러니 공부를 해야지.

네가 사업할 수 있으면 강아지도 사업하겠다.

병신 뭐 한다더니 참나….

친구가 사업한다니까 공부하기 싫은가 보다.

왜 사업하겠다고 생각하게 되었어?

너 다음 학기 때는 영어연수 한번 가 보는 게 어때?

네 친구 ~은 착실히 공부 잘하는데 넌 왜 그래?

걸림돌 언어는 편견으로 대화한 결과이다. 솔직하고 경청하며, 감정을 담아 대화하면 서로를 객관적으로 바라보게 된다. 이에 장점이 더 부각된다.

부부는 서로를 너무 잘 안다. 너무 잘 알아서 객관적으로 바라보기 어렵다. 대화를 많이 하면 어느 순간에 한 사람 그 자체로, 즉 객관적으로 바라볼 수 있게 된다. 부부는 걸림돌 언어가 아니라 경우에 합당한 말을 해야 한다. 성경은 합당한 말에 대해 이렇게 표현한다.

'경우에 합당한 말은 아로새긴 은쟁반에 금사과니라'(잠 25:11). 부부가 서로 할 말은 경우에 합당한 말이다. 은쟁반에 금사과처럼 편견 없는 말이다.

장점을 부각하면 편견을 갖고 하는 대화가 그친다. 편견이 아니라 객관적으로 바라보는 대화가 이어진다.

대화는 부부의 약점을 보완해 준다

대화하면 부부가 많이 달라진다. 서로 보완이 이루어지기 때문이다. 가장 많이 보완되는 것은 배우자의 약점이다. 부부는 배우자의 약점을 보완하며 살아야 한다. 류재언은 『대화의 밀도』에서 '부부가 어떻게 살아갈 것인가'에 관해 이렇게 서술한다.

"100점짜리 사람은 없습니다. 저도 제 아내도, 그리고 여러분도 우리는 모두 70점짜리 사람들입니다. 문제는 '상대방의 장점 70퍼센트를 보며 살아갈 것인가, 상대방의 단점 30퍼센트를 보며 살아갈 것인가'가 관계의 질을 결정짓는다고 생각합니다."

부부는 서로의 70퍼센트를 바라보고 상대방의 30퍼센트를 감싸고 채우며 살아간다. 문제가 생기고 불행한 부부들은 상대방의 단점 30퍼센트에 집착하고 상대방이 가진 장점 70퍼센트를 무시해 버린다. 그렇게 서로를 단점만 가득한 사람으로 규정한 채, 서로 상처받으며 살아간다. 이런 부부에게 필요한 것은 대화이다. 대화를 통해 약점을 보완하며 살아가야 한다. 대화하는 부부는 단점의 크기를 보지 않는다. 그 사람의 작은 장점을 본다.

대화가 인생을 업(Up)시킨다

대화로 배우자의 약점을 들추면 안 된다. 배우자의 약점을 보완해야 한다. 약점을 들추면 각자도생하며 살아야 한다.

많은 부부는 정반대의 성향끼리 만나는 것 같다. MBTI가 외향적이라면 내향적인 성향을 만난다. 공부를 좋아하면 운동을 좋아하는 사람을 만난다. 여행을 좋아하면 여행을 좋아하지 않는 사람을 만난다. 정반대의 성향인 사람들이 부부로 만나는 것은 서로의 약점을 보완하며 살라는 하나님의 뜻이다.

한쪽은 대체로 긍정적이고 한쪽은 대체로 부정적이다. 『행복한 가정을 꿈꾸십니까』에서 두상달과 김영숙은 현실 부부의 모습을 이렇게 말한다.

"약간은 농담처럼 들리는 이야기지만 사실은 이것이 오늘날 많은 부부의 자화상이다. 한쪽은 행복하다고 말하는데 한쪽은 전혀 그것을 느끼지 못하는 것이다. 어느 한쪽이 상대의 행복과 불행, 고통과 상처에 대해서 철저히 무관심했다는 반증이기도 하다."

같은 상황에서 한쪽은 행복하다고 하고, 다른 한쪽은 불행하다고 한다. 이처럼 많은 부부가 너무 다르다. 정반대의 성향을 만나는 것은 대화하며 살라는 것이다.

부부의 대화는 서로를 이해하는 것에서 그치지 않는다. 대화는 서로의 약점을 보완하도록 한다. 이런 말들이 있지 않던가?

할머니의 속이 썩는 줄도 모른 채 '천생연분'이라 여기며 살아온

무심한 할아버지가 있다. 할아버지는 다시 태어나도 할머니와 결혼하겠다고 한다. 인생의 고통을 아무에게도 하소연하지 못한 채 평생을 불행하게 살아온 할머니가 있다. 다시 태어나면 할아버지와 죽어도 살지 않겠다고 한다.

이것은 약점 보완 없이 산 부부의 모습이다. 전문가들은 바로 남자와 여자의 특성을 너무 모르거나 알려고 노력하지 않으며 살아온 부부의 모습이라고 말한다. 물론 전문가들의 말에는 일리가 있지만, 부부가 대화를 하면 서로 마음을 알아주기에 어떤 난관도 극복 가능하다.

남녀가 진정 행복의 가정을 건설하려면 대화하는 부부가 되어야 한다. 남편은 아내를 알기 위해 대화해야 한다. 아내는 남편을 알기 위해 대화해야 한다. 대화를 하면 나의 마음이 전달된다. 대화를 하면 내가 표현한 사랑이 충분히 전달된다.

늙어서는 더 많은 대화가 필요하다. 서양의 늙은 부부들은 대화를 많이 하는 것을 볼 수 있다. 어디 갈 때도 손을 잡고 간다. 이것이 바로 대화가 주는 부부의 행복한 모습이다.

두상달과 김영숙은 『행복한 가정을 꿈꾸십니까』에서 이렇게 말한다.

"젊어서는 일을 챙겼지만 나이 들어서는 아내를 챙겨야 한다."

대화를 하지 않으면 남편이 아내를 챙길 줄 모른다. 남편이나 아

대화가 인생을 업(Up)시킨다

내나 평생을 같이 살지만 자기 아내, 자기 남편을 잘 모른다. 대화하지 않으면 거의 모른 채 산다. 대화를 통해 배우자의 약점을 채워야 한다.

남편과 아내는 서로 많이 다르다. 대화를 통해 무엇이 다른지 알아가야 한다. 그 다른 점을 인식하고 인정할 때 부부 행복이 시작된다.

많은 부부가 말다툼이 잦다. 부부의 갈등 시작이다. 갈등은 대화로 해결 가능하다. 이 세상에 갈등이 없는 부부가 어디 있는가. 갈등이 없는 곳은 오직 한 군데, 공동묘지뿐이다. 갈등을 통해 한 가지 깨달아야 한다. 배우자의 약점을 알고 그 약점을 내가 보완해야 한다는 것이다.

심리학에서 '선택적 지각'이라는 말이 있다. 사람은 자기가 알고 싶은 정보만 받아들이려 한다. 몰라도 되는 것은 회피하려 한다. 부부 각자 선택적 지각을 하지만, 대화를 통해 처음 선택하지 않은 것을 선택하게 된다.

부부간의 대화는 배우자를 이해하기 위해 해야 한다. 많은 경우 부부의 대화는 '상대방을 이해하는' 차원이 아니라 '내가 이해받기' 위해서 한다. 내가 누군가의 이야기에 얼마나 귀 기울이는 사람인지, 상대방의 진가를 발견하기 위해 무엇을 해야 하는지 생각하기보다는 '어떻게 나한테 그런 말을 할 수 있어?', '어떻게 내 마음을 그렇게 몰라 줄 수 있어?'에 집중한다. 상대방이 그때 어떤 말을 했고, 그 말이 내 기분을 어떻게 상하게 했는지에만 집중한다.

이런 것들을 대화로 풀어가야 한다. 대화가 시작되면 그런 문제는 저절로 해결된다. 대화할 때 한쪽의 말속에 숨어 있는 메시지를 찾아내려 해야 한다. 찾아내서 배우자의 약점을 보완해야 한다.

대화가 인생을 업(Up)시킨다

Chapter 5

하 나 님 과
대 화 를
즐 긴 다

Up ^업 대화가
인생을
시킨다

하나님과의 대화를 즐긴다

1

하나님 말씀 읽기를 즐긴다

대화 중에 최고의 대화는 하나님과의 대화이다. 하나님과의 대화는 말씀과 기도로 한다. 하나님과 말씀으로 대화한 뒤 부부간에, 자녀와, 다른 사람과 대화하면 최고의 대화가 된다.

　말씀 읽기는 하나님과의 대화 중 최고이다. 말씀을 읽지 않으면 하나님께서 무슨 생각을 하시는지 알 수 없다. 사람과 대화가 이뤄지지 않으면 그가 무슨 생각을 하는지 모르는 것과 같다.

　하나님과의 대화는 기대되는 대화이다. 하나님과의 대화는 꿈을

꾸는 대화이다. 사람과의 대화에도 기대가 되는데, 하나님과의 대화는 더욱 그렇다. 하나님과의 대화는 인생의 문, 미래의 문을 여는 대화이다. 인간과의 대화처럼 즐거움만으로 그치지 않는다.

하나님과 대화하는 사람은 말씀 읽기를 즐긴다. 그 대화는 일시적이 아니라 영구적이어야 한다. 사람과의 대화는 눈빛도 대화이고 침묵도 대화라고 한다. 하나님과의 대화는 말씀을 읽어야만 대화이다.

교인이 열왕기를 읽으면서 어렵다고 한마디 투덜거린다. 심지어 모세오경이 더 쉽단다. 성경 읽기는 어렵고 쉽고의 문제가 아니다. 하나님과의 대화이므로 평가보다는 말씀을 소화하고자 해야 한다.

하나님과의 대화를 열망한다면 하나님의 말씀 읽기를 꾸준히 해야 한다. 말씀을 꾸준히 읽으면 하나님과의 관계는 물론 사람, 세상과의 관계도 원활해진다.

미국 청교도의 생활 중심은 주일 예배였다. 말씀과 기도가 중심이 된 예배였다. 주일은 성경의 '십계명'대로 '안식일'이다. 주일에는 아픈 사람 이외에는 남녀노소 모두 노동을 쉬고 교회에서 예배드렸다. 정당한 이유 없이 예배에 계속 빠지면 벌금도 부과되었다. 주일에 예배드리는 것이 당시 식민지 법률에 정해져 있었기에 벌금은 교회가 아니라 정부가 징수했다. 매사추세츠에서는 1개월 이상 결석하면 벌금 10실링, 일요일에 음악이나 춤, 운동 등을 즐기면 벌금 5실링을 부과했는데, 이런 벌금 제도는 독립혁명 후에도 한동안

대화가 인생을 업(Up)시킨다

유지되었다.

미국 청교도는 기도가 길면 길수록 좋은 평가를 받았다. 즉, 기도의 길이가 하나님과의 대화를 평가하는 좋은 잣대였다.

그리스도인에게 하나님과의 대화가 중요하다. 하나님과 대화하면 행복해진다. 그 행복으로 우리의 삶은 아름다워진다. 우리의 말이 예뻐진다. 행복해지고 예쁜 말을 하게 되니, 우리는 하나님과의 대화를 최우선에 두어야 한다.

하나님과의 대화로 사람과 예쁜 대화를 해야 한다. 하나님과 대화를 하지 않으면 사람과의 대화를 망칠 수 있다. 뻔하고, 변명하고, 따지는 말을 하기 쉽다.

말씀을 읽지 않아 하나님과의 대화에서 실패하면 뻔하고, 변명하고, 따지는 말로 도배된다. 특이 변명하는 말을 하지 않아야 한다. 하나님과 대화를 하지 않으면 변명하기 바쁘다. 그리스도인은 성경을 읽지 않는 이유에 대해 변명 늘어놓기를 잘한다. 벤자민 프랭클린은 "변명을 잘하는 사람은 다른 어떤 것에서도 잘하는 게 드물다"라고까지 했다. 우리는 변명이 아니라 문제를 시인하고 바꿔 가면 된다. 그리스도인은 말씀을 읽지 않는 것에 대한 변명에서 떨어져 있어야 한다.

최근에는 편하게 신앙생활을 즐기려고 한다. 심지어는 성경을 반드시 읽어야 한다는 당위성에 의문을 제기하는 사람들이 꽤 있다.

그리스도인은 하나님 말씀 읽기를 즐겨야 한다. 말씀으로 하나님과 대화하기를 최고의 기쁨으로 여겨야 한다. 하나님과의 대화를 즐기면, 읽은 말씀을 되새기면서 사는 하루가 최고의 날이 된다.

하나님과의 대화가 중요하다

그리스도인에게는 하나님과의 대화가 중요하다. 어떤 대화를 했느냐에 따라 현재와 미래가 결정된다. 자녀에게도 부모와의 대화가 중요하다. 부모와 어떤 대화를 했느냐에 따라 삶의 여정이 어떠하냐가 결정된다.

하나님과의 대화 자체가 중요하다. 하지만 우리는 하나님과 대화의 본질을 흐릴 때가 많다. '꼭 날마다 대화를 해야 하느냐'는 것이다. 그러나 이 본질은 결코 흐려지면 안 된다. 김윤나는 『말 그릇』에서 "대화의 본질을 흐리지 말라"고 한다. 대화도 본질을 흐리지 않아야 하는데, 하나님과의 대화라는 중차대한 것을 흐리면 안 된다.

사람들은 대화를 '상대방을 이해하는' 차원이 아니라 '내가 이해받기' 위한 문제로 생각한다. 내가 누군가의 이야기에 얼마나 귀 기울이는 사람인지, 상대방의 진가를 발견하기 위해 무엇을 해야 하는지 생각하기보다는 '어떻게 내 마음을 그렇게 몰라 줄 수 있어?'에 집중한다.

대화가 인생을 업(Up)시킨다

우리는 하나님과 대화할 때 대화 본질이 빗나가면 안 된다. 하나님과 대화한 그 자체만으로도 영광으로 삼는 것이 좋다. 하나님은 우리와 좋은 관계를 맺기 위해 대화를 요청하신다. 뭔가를 얻어 내려고 대화하면 안 된다. 하나님과의 대화를 통해 하나님을 만난 것만으로 감사하면 된다.

우리에게는 하나님과의 대화 그 자체가 소중하다. 대화하는 자체만으로 건강한 부부이다. 자녀와 대화를 하고 있는 그 자체가 좋은 가정이다. 주위에 대화가 없는 부부가 많다. 대화로 뭔가를 얻으려 하기에 그렇게 된 것이다.

우리는 하나님과 대화로 무언가를 얻고자 하는가? 그런 마음을 버려야 한다. 오직 지금 하나님과 대화가 잘되고 있는 것만으로도 행복해야 한다. 이런 인생이 하나님께 복을 받은 인생이다.

하나님의 관심이 내 관심이 된다

하나님과 대화를 즐기면 하나님의 관심이 내 관심이 된다. 하나님과 대화를 즐기지 못하면 나에게만 집중된다.

하나님의 관심이 내 관심이 되려면 하나님과의 관계가 좋아야한다. 만약 하나님과의 관계가 불편하다면 그건 억지 대화를 했기 때문이다. 우리는 하나님과의 대화를 즐겨야 한다. 그러면 모든 관계가 편해진다. 우리가 맺는 관계라는 것이 '편하게 생각하라'고 해서 편해지는 것이 아니다. 나의 말을 줄이고 하나님의 말씀에 관심을 보일 때 비로소 편해진다.

'인사이트'(insight)와 '포어사이트'(foresight)라는 말이 있다. 인사이트는 '통찰력, 이해'라는 사전적 의미를 담은 말이다. 다양한 정보들을 분석하고 이를 체화해 내 것으로 만드는 것이 인사이트이다. 인사이트에서 한 걸음 더 나아간 개념을 담은 말이 포어사이트이다. '예지력, 선견지명'이란 뜻을 가진 이 단어는 상상하고 예측해 구체화, 현실화하는 것을 의미한다.

자신이 얻고자 하는 걸 얻어내는 말하기가 '인사이트를 지닌 사람의 말하기'이다. 여기서 하나님께서 원하시는 수준의 말하기는 '포어사이트를 지닌 사람의 말하기'이다.

하나님과 대화하면 하나님의 관심이 내 관심이 된다. 『사람은 무엇으로 움직이는가』를 쓴 모리 타헤리포어(Mori Taheripour)는 와튼스쿨에서 협상을 주제로 강의를 한다. 그는 어떤 일이든 상대의 입장에서 보지 않으면 그저 공간에 떠도는 말일 뿐이라고 강조한다.

"협상에서 제일 중요한 것은 현실적 공감이며, 상대의 입장을 철저하게 이해해서 같은 입장에 설 수 있을 때 협상이 가능해진다."

그는 억울하고 속상해도 일단 상대가 가진 패를 보려면 상대를 이해하는 게 첫걸음이라고 말한다. 그 패를 보아야 협상할 전략들이 나오기 때문이다. 무엇을 가지고 있는지 알아야 조율과 협상이 가능한 지점을 찾아낼 수 있다. 상대 입장에서 생각하고 상대 입장을 철저히 분석하기 위해서는 진지한 대화와 경청이 필요하다.

협상에서도 상대의 입장을 고려해야 하는데, 하나님과의 관계에서 하나님의 입장을 헤아려 보는 것은 고민의 여지가 없다. 하나님의 입장에서 우리를 보면, 하나님의 관심이 내 관심이 된다. 하나님의 것이 내 관심사가 되어 있으면 하나님과의 대화가 즐거워진다. 그렇다면 하나님과의 대화는 어떻게 하는 것일까? 바로 성경을 읽는 것이다. 성경은 하나님과의 대화의 통로이다. 그럼에도 성경 읽기가 힘든 까닭은 성경에서 하나님의 관심사가 아니라 내 관심사만 찾기 때문이다. 나에게 주시는 은혜로운 말씀, 내 인생에 복이 될 성경 구절 등 내 관심에 꽂혀 있기 때문이다.

우리가 하나님과 대화하는 이유는 하나님의 관심을 내 관심이 되게 하기 위해서이다. 하나님의 관심이 내 관심이 되면, 내가 하나님을 위해 무엇을 할 것인가를 비로소 찾을 수 있다.

드라마 〈이상한 변호사 우영우〉에서 우영우는 그녀를 항상 도와주었던 최수연에게 이렇게 말한다.

"너는 봄날의 햇살 같아. 로스쿨 다닐 때부터 그렇게 생각했어. 너는 나한테 강의실의 위치와 휴강 정보와 바뀐 시간표를 알려주고, 동기들이 나를 놀리거나 속이거나 따돌리지 못하게 노력해. 지금도 너는 내 물병을 열어주고, 다음에 구내식당에서 또 김밥이 나오면 나한테 알려주겠다고 해. 너는 밝고 따뜻하고 착하고 다정한 사람이야. 봄날의 햇살, 최수연이야."

우영우의 관심사가 최수연이 되니 우영우는 최수연에게 "너는 밝고 따뜻하고 착하고 다정한 사람이야. 봄날의 햇살"이라고 말한다.

마찬가지로 하나님의 관심이 내 관심이 되면, 하나님은 우리에게 말씀하실 것이다.

"너는 하나님 나라 봄날의 햇살이야."

"너는 하나님 나라의 희망이자 미래야."

하나님의 관심이 내 관심이 되려면 가져야 할 마음이 있다. 바로 '간절함'이다. 드라마 〈도깨비〉에는 이런 문장이 등장한다. "인간의 간절함은 못 여는 문이 없다."

그렇다. 우리의 간절함이 하나님과의 관계의 문을 연다. 하나님께 대한 관심의 간절함이 하나님과의 대화를 깊어지게 한다. 하나님은 우리가 간절함을 보여준 사무엘의 어머니 한나와 같은 사람이 되길 바라신다.

누가복음 18장에서는 한 과부가 재판장을 찾아가서 번거롭게 한다. 간절함이 그 안에 넘쳤기 때문이다. 우리에게도 하나님의 관심을 향한 이런 간절함이 있어야 한다. 그 간절함이 하나님의 관심을 내 관심이 되게 한다.

대화가 인생을 업(Up)시킨다

하나님이 대화를 걸어오면 귀가 쫑긋해진다

하나님의 관심이 내 관심이 되면, 그리고 하나님께서 대화를 걸어 오시면 귀가 쫑긋해진다. 하나님과 많은 대화를 하고 싶다는 절실함 때문이다.

우리의 대화 상대는 하나님이시다. 하나님의 대화 상대도 물론 우리이다. 우리는 하나님과의 대화에 목을 매야 한다. 하나님과 대화를 하지 않으면 이미 죽은 목숨이 되기 때문이다. 우리는 하나님과 친밀하게 대화하는 관계여야 한다.

하나님은 우리에게 먼저 대화하자고 하신다. 이어지는 대화는 풍성하고, 대화의 끝은 만족감으로 넘친다.

어떤 분은 전화할 때마다 이런 멘트를 한다. "왜 전화하셨어요?" 그가 먼저 전화를 걸어 통화를 해도 "왜 전화하셨어요?"라고 되묻는다. 전화를 해준 것에 기분이 좋아서 하는 말이다.

우리에게 하나님이 먼저 대화를 요청하시면 우리도 "왜 먼저 대화를 요청하세요?"라며 귀를 쫑긋 세우고 물어야 한다.

하나님께서 사무엘에게 대화를 걸어오셨다. 사무엘은 귀가 쫑긋해져서 "내가 여기 있나이다"(삼상 3:4)라고 대답한다.

우리는 누군가로부터 전화만 걸려 와도 귀가 쫑긋해진다. '어떤 사람일까?', '왜 전화했을까?', '어떤 용무로 전화했을까?' 같은 생각을 다한다. 하나님께서 대화를 걸어오시면 귀를 쫑긋하게 세워야 한다. 대화를 걸어오지 않을 때도 귀를 쫑긋 세우고 언제일까 기대하며 기다려야 한다.

하나님께서 대화를 걸어와도 귀가 쫑긋하지 않은 사람이 있다. 인간의 조상 아담이다. 하나님은 아담과 대화하기를 원하셨다. 아담은 귀를 쫑긋 세우지 않아 하나님과의 대화에 실패했다. 우리는 이런 실수를 범하지 말아야 한다.

하나님과의 대화가 중요하다. 하나님과의 대화가 중요하다고 생각하면 하나님께서 대화를 걸어오시면 귀를 쫑긋 세워야 한다. 그 다음에 일어날 일을 알기에 그렇다. 하나님께서 먼저 대화를 요청하시면 우리에게 하늘의 복이 내려온다. 우리의 삶을 최상의 삶으로 만들어 주신다.

대화가 인생을 업(Up)시킨다

자신과의
대화를 즐긴다

2

하나님과 대화하는 법을 찾기 시작한다

자신과의 대화가 중요하다. 다른 사람과의 대화 못지않게 자신과의
대화 시간을 가져야 한다. 하나님과 대화를 즐기려면 기쁘게 대화
할 수 있는 준비가 되어 있어야 한다. 그 준비란 바로 하나님과 나
에게 집중할 수 있는 '자신'이다.

　그리스도인은 하나님과 대화를 습관적으로 한다. 그러나 자신과
의 대화는 거의 하지 않는 것 같다. 하나님과 즐거운 대화를 하려면
나도 준비되어 있어야 한다. 우리는 자신과 대화하는 것이 어렵다.

자신과 대화를 거의 하지 않는다. 하나님과 대화하거나, 다른 사람과 나눈 대화를 자신과 한 대화라고 착각할 뿐이다. 자신과 대화하는 것은 다른 사람과 하는 것보다 어렵다. 타인과의 대화는 학문적인 내용이 아닌, 일상의 대화로 시간을 보내면 된다. 그러나 자신과 대화하려면 나를 이해해야 한다. 나에게 집중하고 나와 공감하는 것은 꽤 어렵다. 그럼에도 우리는 자신과 먼저 대화해야 한다. 곧 나 자신과 먼저 공감해야 한다.

정혜신은 『당신이 옳다』에서 "'나'에 대한 공감이 타인 공감보다 먼저"라고 말한다.

우리는 공감이 무엇인지 안다. 공감이란 남의 감정, 의견, 주장 따위에 대해 자기도 그렇다고 느끼는 것이다. 데일 카네기는 "그들이 원하는 공감을 주어라. 그러면 그들은 당신을 사랑할 것이다"라며 '공감을 사랑의 다른 표현'이라고 정의했다.

공감에는 두 가지가 있다. 인지적 공감과 정서적 공감이다. 정혜신은 『당신이 옳다』에서 공감의 황금 비율에 관해 이야기한다. 즉, 만약에 공감을 인지적 공감과 정서적 공감으로 나눈다면 그 비율은 8대 2 정도로 볼 수 있고, 그중에서 인지적인 노력이 필수라고 말이다.

자신과의 공감은 무엇인가? 나는 이미 나를 공감하고 있는가? 그럴 수 있고, 그렇지 않을 수도 있다. 그러기에 자신과 공감하려면 많은 노력이 필요하다.

대화가 인생을 업(Up)시킨다

부부간에는 공감을 잘하는가? 다른 사람과는 공감을 잘하는가? 대화 중에 울면 공감을 잘해 줘서 운다고 생각한다. 이런 속단이 바로 공감에 대한 오해이다. 울면 공감했다고 생각할 수 있을 뿐이다. 조한겸은 『사랑받는 대화법』에서 "생각이 같다고 해서 공감이 아니며 울어준다고 공감이 아니다"라고 한다. 진정한 공감이란 감정 교류가 일어나서 신나게 대화하고 있는 어느 지점이다.

자신과의 공감이란 무엇인가? 자신과 감정 교류가 일어나서 신나게 나와 대화하는 것이다. 자신과 대화를 하면 내면에서 감정적인 교류로 큰 변화가 일어난다. 그러기에 자신과 대화해야 한다. 자신과 대화하면 하나님과 어떻게 대화할지 방법을 찾게 된다. 하나님과 대화하면 자신의 부족함을 발견하게 되고, 자신의 부족을 발견하는 순간, 하나님을 한 번 더 생각하게 되기 때문이다. 이것이 자신과 대화함으로 하나님과 대화하는 법을 찾는 과정이다.

홀로 있다고 자신과 대화하는가?

어떤 사람은 자신과 대화하기 위해 자신만의 시간을 갖는다. 홀로 기도원에 들어간다. 홀로 자신과만 마주할 수 있는 장소를 찾는다. 홀로 지내는 시간이라고 해서 그것이 자신과 대화하는 시간인가? 그렇지 않다.

자신과의 대화는 외적이지 않고 내적이다. 내면이 하나님과 대화할 수 있는 준비가 되어 있는 것이 자신과 대화한 것이다. 곧, 자신의 내면과 내면이 적응된 상태이다.

독일의 사회학자 게오르그 짐멜(Georg Simmel)은 "이 세상을 살아가는 최고의 방편은 타협하지 않고 적응하는 것이다. 늘 타협하면서도 이에 따라 아무런 적응도 못하는 것은 가장 불행한 소질이다"라고 했다.

세상을 살기 위해 적응해야 하듯이 자신과의 대화에도 적응이 필요하다. 많은 사람은 자기를 학대한다. 이런 말이 있다. '자신을 사랑하라'. '자신을 믿어라.'

자신을 사랑하고 있음이 자신과의 대화이다. 자신을 믿는 것이 자신과의 대화이다. 그리스도인은 자신을 믿지 않고 하나님만 믿는다. 자신을 믿지 않고 어떻게 하나님을 믿을 수 있는가? 하나님을 믿는다는 것은 자신을 믿는다는 것과 같은 말이다.

세상에서 잘 살려면 세상에 적응력을 키워야 한다. 하나님과 대화하려면 자신과 대화할 수 있는 능력을 키워야 한다. 우리가 세상에 적응하지 못하는 이유는 자신과의 대화를 하지 않았기 때문이다.

우리는 자신과 대화해야 한다. 자신과 대화하면 세상을 정공법으로 살아갈 수 있다. 하나님과 속 깊은 대화도 할 수 있다. 사람들은 하나님과 대화하는 법은 이미 정해져 있다고 한다. 과연 그럴까?

대화가 인생을 업(Up)시킨다

의문이 든다.

하나님과의 대화법은 사람마다 다르다. 각자에게 맞는 대화법이 있다. 기도를 많이 할 때는 기도가 하나님과의 대화법이다. 성경을 많이 읽을 때는 성경 읽기가 하나님과의 대화법이다. 성경을 필사할 때는 필사가 하나님과의 대화법이다. 전도를 많이 할 때는 전도가 하나님과의 대화법이다. 봉사를 많이 할 때도 마찬가지다.

자신이 할 일을 잘하면 자신과의 대화를 잘한 것이다. 하나님과 깊이 대화하면 자신과의 대화도 잘된다. 하나님과 즐거운 대화를 하기 위해서는 나와 대화해야 한다. 내 안의 나와의 대화를 통해 하나님과의 대화 스킬을 키워야 한다.

나 홀로 있다고 자신과 대화한 것이 아니다. 광야로 들어갔다고 자신과 대화하는 시간을 갖게 되는 것은 아니다. 자신에게 주어진 것을 하나님 앞에서 부끄럽지 않게 하는 것이 자신과 대화하는 것이다.

자신과의 대화가 중요하다. 자신과 대화가 잘 통해야 하나님과의 대화가 잘 통한다. 자신과 대화를 잘하려면 자신과 주파수를 잘 맞춰야 한다.

정연주는 『말을 잘한다는 것』에서 "나와 잘 통해야 타인과도 잘 통한다"라고 한다. 나와 잘 통하지 않는데 다른 사람과 잘 통하는 것은 말이 안 된다. 나와 잘 통해야 하나님과도 잘 통한다.

"인생은 시시하게 살기에는 너무도 짧다"는 말이 있다. 짧은 인생, 내가 가장 사랑하는 하나님과 대화하며 살아야 한다. 하나님과 즐거운 대화를 하며 사는 것이 최고 삶의 방법이다. 하나님은 우리를 기다리신다. 하나님께 나아오기를 기다리신다. 그 이유는 하나다. 즐거운 대화를 하기 위함이다. 하나님과 함께하는 즐거운 대화는 자신과의 행복한 대화로부터 시작한다.

홀로, 그리고 광야에 있으면 자신과 대화할 시간이 많다. 그 시간을 의미 없이 보냈다면 자신과 대화한 것이 아니다. 그 시간에 자신의 내면을 발견한 것이 자신과 대화한 것이다.

"자기 존재가 주목받은 이후부터, 진짜 내 삶이 시작된다"라는 정혜신의 말을 되새겨야 한다. 자기 존재는 자신으로부터 주목받아야 한다. 자기가 주목할 때 자신과의 대화가 인생을 의미 있게 만들어 준다.

하나님의 말씀을 내 안으로 끌어들인다

자신과 대화하면 자신이 어떤 존재인지 안다. 자신이 추악한 존재, 죄인 중에 괴수인 존재, 하나님 없으면 인간답게 살 수 없다는 것을 알면 하나님을 내 안으로 끌어들이려 한다. 하나님의 말씀으로 살아가려는 절실함이 생긴다.

하나님과의 대화는 나의 절박함을 해결하는 데 최적이다. 최고의 해결 도구는 말씀이다. 말씀으로 하나님과 대화하면 밤새는 줄 모른다. 생명의 말씀이 내 안으로 들어오니 자존감이 확 올라간다. 자신감이 쭉쭉 뻗는다. 결코 자기를 비하하지 않는다. 다른 사람을 비방하지도 않는다. 자신 안에 하나님의 은혜가 가득 채워진다. 그 대화는 대만족이다.

하나님과 대화한 그리스도인은 다른 사람과도 대화한다. 다른 사람과 대화할 때는 하나님과의 대화와 동일하게 말씀으로 해야 한다. 다른 사람을 비방하는 것만이 대화의 독이 아니다. 하나님의 말씀과 무관한 것이 진짜 독이다.

하나님의 말씀을 내 안에 끌어들이려면 자신과의 즐거운 대화가 무르익을 때까지 끈기 있게 기다려야 한다. 미국이 시인 헨리 워즈워스 롱펠로우는 "만사는 끈기 있게 기다리는 자에게 온다"라고 했다. 하나님의 말씀이 내 안으로 들어올 때까지 끈기 있게 기다려야 한다.

노먼 라이트가 쓴 『노먼 라이트의 마음 처방전』에서는 "끈기는 소망과 믿음의 증거"라고 한다. 그러면서 저자는 다음과 같이 조언한다.

"상실을 통해 진리를 배운다. 생존자들은 남이나 상황을 탓하기보다는 해법을 찾는 데 집중한다. 생존자들은 두려움을 극복하고 상황을 바꾸기 위한 새로운 방법을 찾아낸다. 생존자들은 끝까지 버틴다. 끈기는 소망과 믿음의 증거다. 생존자들의 주변에는 그를 세워 주고 격려하는 건강한 사람들이 있다. 생존자들은 감사할 이유를 발견하고 현재의 상황에서 소망을 찾는다. 소망의 사람은 정체를 거부하고 늘 열정적으로 살아간다. 하나님의 약속이 반드시 지켜진다는 사실은 의심의 여지가 없다. 오직 여호와를 앙망하라!"

자신과의 대화를 즐기려면 하나님의 말씀이 내 마음을 점령할 때까지 끈기 있게 기다리는 것이 먼저다.

아마존의 창업자인 제프 베이조스가 아마존 CEO를 사퇴할 때, 사내 구성원에게 이메일을 보내며 업무를 끝냈다. 제프 베이조스가 이메일을 통해 구성원들에게 마지막으로 요청한 것은 지속적인 독창성과 창의성 발휘를 위한 격려였다.

"계속 창의력을 발휘하십시오. 새롭게 뭔가를 발명할 때, 그 아이디어가 미친 일처럼 보여도 절망하지 마세요. 길을 잃어야 한다는 점을 기억하세요. 당신의 호기심이 당신의 나침반이 되도록 하세요. 우린 언제나 첫날입니다."

그는 실패를 칭찬하는 CEO로 유명하다. 그는 실패를 책망하지 않고 실패를 격려했다. 그의 격려가 아마존을 세계적인 기업으로 만들었다.

하나님께서도 우리를 말씀으로 격려하신다. 하나님께서 격려하

대화가 인생을 업(Up)시킨다

시기 위해 말씀을 내 안으로 끌어들이라고 하신다. 우리가 하나님으로부터 격려받을 수 있는 도구는 '말씀'이다.

'격려하라'는 '발작'이라는 뜻도 갖고 있다. 격려로 하나님의 성품에 '어울리는', '마땅한' 행동의 발작이 일어날 정도로 도발할 필요가 있다.

하나님과의 대화, 자신과의 대화, 다른 사람들과의 대화에 있어 핵심은 말씀이다. 하나님의 말씀을 끌어들여 대화하면 큰 힘을 얻는다.

나를 정확하게 보고자 힘쓴다

자신과 대화하는 목적이 있다. 나를 정확하게 보기 위해서이다. 하나님과 대화하는 것도 나를 정확하게 보기 위해서이다. 다른 사람과 대화하는 것도 나를 정확하게 보기 위해서이다. 많은 사람은 자기를 정확하게 보려고 하지 않는다. 심리학 용어인 '확증편향'처럼 자기에게 무한정 관대하려 한다.

나를 정확하게 보려면 자신에게 온통 집중해야 한다. 『핑크 리더십』를 쓴 메리 케이 애시는 이렇게 말한다.

"듣는 것은 하나의 기술이다. 북적대는 방에서 누군가와 이야기할 경우, 나는 그 방에 우리 둘만 있는 것처럼 그를 대한다. 다른 것은 모두 무시하고 그 사람만 쳐다본다. 고릴라가 들어와도 나는 신경 쓰지 않을 것이다."

고릴라가 들어와도 신경 쓰지 않고 온전히 상대의 말에 집중하는 것처럼 자신에게 온전히 집중해야 한다.

자기를 정확하게 봐야 한다. 그러면 하나님과 다른 사람의 말에도 초집중한다. 우리가 대화에서 실패하는 것은, 다른 사람과의 대화에서 실패하는 것이 아니라 바로 자기와의 대화를 실패한 것이라고 할 수 있다. 우리는 다른 사람과 대화하기 전에 나를 정확하게 보고자 힘써야 한다. 하지만 우리는 어떤가? 자기를 돋보이게 하는 데 힘을 쏟는다. 반대로 나를 정확하게 보려고 힘써야 한다.

나와의 대화는 나를 성장으로 이끈다

나와의 대화를 많이 하면 성장이 이루어진다. 공부를 하면 할수록, 경험을 쌓으면 쌓을수록 성장이 이루어지는 것과 같은 이치다. 나를 몰랐다가 나를 아는 것 자체가 이미 성장했음을 뜻한다.

나와 대화를 할 때 중요한 것은 대화 내용이다. 정연주는 『말을 잘한다는 것』에서 "결국 내용으로 판가름 난다"고 말한다. 그녀는 내용이 탄탄하기 위해 정확성, 명확성, 구체성을 갖추라고 한다. 신앙생활에서 우리가 하나님의 말씀을 받기 원하는 이유는 하나님의

대화가 인생을 업(Up)시킨다

말씀은 정확성, 명확성, 구체성을 갖추고 있기 때문이다.

정연주는 특히, 언어 감수성이 뛰어나면 좋다고 말한다. 언어 감수성이란 내가 하는 말이 상대방에게 어떻게 들리는지 섬세하게 고민하는 것이다. 언어 감수성이 높은 사람은 상대방을 배려하는 표현을 자주 쓴다. 배려하기 위해 노력한다. 사회 통념상 차별이나 편견을 줄 수 있는 어휘를 피하는 경향도 높다.

나와 대화하는 것은 아름답다. 아름다운 삶이란 나와의 대화를 통해 성장하는 삶이다. 괴테는 성장하는 사람으로 살 것을 강조하며 이런 말을 했다. "오직 내게만 집중하는 사람에게는 불가능이란 없다."

나에게 집중할 때 비로소 삶이 황홀해진다면 믿겠는가? 나와의 대화를 하면 삶이 황홀해진다. 괴테는 평생 성장하는 사색가로 살았다. 물론 그도 사색가로서의 삶만 중요시하지 않았다. 그는 실천의 중요성을 알고 있었다. 그래서 직접 텃밭을 가꾸고, 거기서 재배한 것들로 요리를 즐겼다. 괴테는 열매라는 결과가 주는 즐거움보다는, 어둠 속에서 땅을 뚫고 솟아오르는 작은 씨앗의 가슴 터질 듯한 생명력에 감탄했다.

103세에 노환으로 영면한 호서대학교 설립자이자 명예총장인 강석규 박사가 95세 때 남긴 글을 소개한다.

젊었을 때 정말 열심히 일했습니다. 65세 때 당당한 은퇴를 할 수 있었죠. 30년 후인 95살 생일 때, 후회의 눈물을 흘렸습니다. 남은 인생은 그냥 덤, 30년을 고통 없이 죽기만을 기다렸습니다. 내 나이 95세. 어학공부를 시작합니다. 이유는 단 한 가지입니다. 105번째 생일날, 95살 때 왜 아무것도 시작하지 않았는지 후회하지 않기 위해서.

이런 글을 쓸 수 있었던 것은 자신과 대화했기 때문이다. 자신과 대화했기에 95세 때부터 돌아가실 때인 103세까지 어학공부를 했다.

우리는 자신과 대화를 해야 한다. 자신과의 대화를 즐겨야 한다. 우리가 자신과의 대화를 즐기면, 대화가 되지 않는 고통 속에서 어느 순간 대화가 이루어지는 가슴 터질 듯한 순간이 온다. 그 순간에는 스스로 이룬 성장의 폭발력에 감탄하지 않을 수 없다. 다른 사람과의 대화, 책과의 대화만으로는 성장하지 않는다. 오직 자기와의 대화만이 폭발적인 성장을 일으킨다.

대화가 인생을 업(Up)시킨다

신앙적인
대화를 즐긴다

3

대화의 1단계는 선한 피드백이다

그리스도인의 대화는 교회와 교회 밖이 다르다. 교회 안에서는 신
앙적인 대화가 주를 이룬다. 교회 밖에서는 주식, 부동산, 사업, 자
녀에 관한 대화가 주를 이룬다. 대화도 우리의 신앙처럼 이분법적
이다.

그리스도인의 대화는 삶의 대화와 함께 신앙적이어야 한다. 물
론 교회에서는 신앙적인 것을 중심으로 대화가 이루어져야 한다.
세상 대화를 한다면 신앙적인 관점으로의 변화를 꾀해야 한다. 그리스도인의 대화가 신앙적이려면, 많은 말을 하기보다 경청을 잘해야 한다. 경청을 하면 적절한 피드백까지 가능하다. 이를 가능하게 하려면 대화의 핵심이 나 자신이 아니라 다른 사람이어야 한다. 사람은 모름지기 자기에게 집중되어 있다. 그러나 그리스도인의 신앙적인 대화는 하나님과 상대방에게 초점이 맞춰져야 한다.

상대에게 집중하며 나눈 대화에는 건설적인 피드백이 오고 간다. 상대의 말에 건설적인 피드백이 있으면, 관계는 깊어진다. 개인적 대화로 출발했어도 신앙적인 대화로까지 넓어진다.

장차오는 『마음을 사로잡는 말 센스의 비밀』에서 피드백 있는 대화를 하려면 다음 세 가지를 언급하라고 한다.

첫째, 상대가 언급했던 전력과 견해들을 인용하라.
둘째, 질문할 때 상대의 개인적인 질문이나 경력을 활용하라.
셋째, 상대와의 공통점을 거론하라.

그가 그리스도인이 아닐지라도 신앙적인 대화가 이루어지려면 대화 당사자의 말에 적절한 피드백을 해야 한다. 그가 다시 한번 생각할 수 있는 선한 피드백을 해야 한다. 선한 피드백이 이루어지면 상대는 하나님을 생각한다. 동시에 자신의 신앙에서 내려놓을 부분과 하나님께 간구할 부분까지 발견한다.

대화가 인생을 업(Up)시킨다

선한 피드백은 피드백을 받은 사람에게 울림을 준다. 말을 잘해도 울림을 준다. 선한 피드백을 잘해도 울림을 준다.

노구치 사토시는 『50센티 더 가까워지는 선물보다 좋은 말』에서 말 잘하는 사람의 특징을 이렇게 말한다. "'말 잘하는 사람'은 상대방의 행동을 유심히 관찰한다."

말 잘하는 사람은 상대방의 행동을 유심히 관찰한다. 선한 피드백을 하려면 상대가 하는 말을 유심히 관찰해야 한다. 상대방의 말과 제스처 등을 유심히 관찰해야 선한 피드백이 가능하다.

상대가 선한 피드백을 받으면 없던 호감도 생긴다. 자기 이야기를 기억해 주는 사람에게 호감이 생기는 것은 당연하다. 상대가 한 말을 기억해 준다는 것은 상대의 이야기를 인상 깊게 듣고 가치 있게 받아들였다는 의미이다. 대화를 기억해 주는 것만큼 기분 좋은 순간이 없다. 그러니 자기 이야기를 기억해 주는 사람에게는 호감이 생기는 것은 말해 봤자 잔소리이다.

선한 피드백의 효과는 만점짜리이다. 다음 만남이 이루어진다. 다음 만남까지 기대하게 만든다. 신앙적인 대화까지 이루어지려면 두 번째 만남까지 가야 하는데, 선한 피드백이 오가면 두 번째 만남이 더 기다려진다. 선한 피드백을 해준 사람이 쓰는 단어가 따뜻했기에 그렇다.

노구치 사토시는 『50센티 더 가까워지는 선물보다 좋은 말』에서 따뜻한 마음을 갖게 하려면 피드백하라고 한다, "덕분에", "역시!", "당신은요?", "기억하고 있었네!", "애 많이 쓰셨어요", "나도 기쁘다", "당신과 함께 있으면 정말 즐거워요", "이렇게 기분 좋은 말을 듣는 건 처음입니다"라는 말로 피드백하면 설렘으로 다음 만남을 기다린다고 한다. 신앙적인 대화의 1단계는 선한 피드백이다. 선한 피드백이 대화의 진수를 맛보여 준다.

대화의 2단계는 세심한 배려이다

선한 피드백은 다음 만남을 기대하게 한다. 신앙이 없을지라도 신앙적인 이야기가 듣고 싶어지게 한다. 신앙적인 대화의 두 번째 단계는 배려이다. 신앙적인 대화를 할 때 상대에 대한 배려는 아끼지 않아야 한다.

소윤은 『작은 별이지만 빛나고 있어』에서 "배려를 아끼지 말라"며 "친절과 배려는 아끼지 않아도 된다"고 조언한다. 협주곡이란 소통, 협력, 경청, 배려와 같은 단어들을 무대에서 들려주는 음악 형식이다. 공연장에서 협주곡을 들으면 솔로 연주자의 화려한 모습만 보일 수 있다. 하지만 음악적 경쟁과 협력의 의미를 알고 협주곡을 경험한다면 솔로 연주자와 그 뒤에 선 오케스트라 연주자들이 소리로 소통하고 배려한다는 것을 알 수 있다.

대화가 인생을 업(Up)시킨다

우리가 배려하면 끝을 알 수 없는 동행으로까지 이어진다. 유영만, 박용후는 『언어를 디자인하라』에서 '동행의 언어'와 '동원의 언어'를 다음과 같이 구분한다.

"'동행의 언어'는 상대를 배려하고 존중하는 마음으로 주고받는 언어다. 반면 '동원의 언어'는 상대보다 나를 내세우고, 상대의 치명적인 약점을 건드려 상처를 내려는 언어다."

『그리스인 조르바』에 니코스 카잔자키스는 다음과 같은 대화를 한다.

"영감님, 제일 좋아하시는 음식은 뭔가요?",

"다 좋습니다. 모든 음식이 다요. 이 음식은 좋고 저 음식은 싫다. 이런 이야기를 하는 건 큰 죄악이죠."

"왜요? 음식을 가리면 안 됩니까?"

"절대로 안 되죠!"

"왜요?"

"왜냐하면 굶는 사람들이 있으니까요."

나는 부끄러움에 아무 말도 하지 못했다. 내 생각은 한 번도 그런 품격과 배려에 이르러 본 적이 없었다.

신앙적인 대화 2단계는 상대에 대한 세심한 배려이다. 이기주는 『언어의 온도』에서 배려심이 없는 한 남자의 이야기를 한다. 기차 안에서 큰소리로 통화하던 남자가 이런 말을 한다.

"그 친구는 남을 배려할 줄 몰라!"

그 남자는 청주시 오송역에서 기차를 타고 이동하고 있었다. 다른 소리를 용납하지 않을 것만 같은 압도적인 소음이 열차에 울려 퍼지기 시작했다. 앞자리에 앉은 사내가 주변 사람들이 다 들을 수 있을 정도의 큰소리로 전화 통화를 하고 있었다. 기차 속도에 비례해서 그의 목소리 데시벨도 줄기차게 상승했다. 사내의 입에 '부부젤라' 같은 응원 도구를 이식해 목소리를 증폭시키는 게 아닐까 하는 생각이 들 정도였다.

사내는 통화 상대에게 잔뜩 화가 난 듯했다. 한 시간 가까이 열과 성을 다해 말을 이어 갔다. 기차 안에서 큰소리로 전화 통화를 하는 것이 배려할 줄 모르는 행위이다. 하지만 그는 오히려 다른 사람에게 배려할 줄 모른다며 한마디를 한다. 배려하며 살아야 한다.

장차오는 『마음을 사로잡는 말 센스의 비밀』에서 배려를 이렇게 말한다. "말을 못 한다는 건, 곧 상대를 배려할 줄 모른다는 것이다."

그렇다. 말을 못 한다는 건, 자기가 하고 싶은 대로 배려 없이 말하는 것이다. 그리스도인은 선한 피드백을 할 줄 알아야 한다. 그리고 대화할 땐 세심한 배려를 해야 한다.

대화의 3단계는 확실한 지지다

신앙적인 대화의 3단계는 적극적인 지지이다. 우리는 간혹 다른 교인의 신앙을 지적하거나 불평하게 된다. 불평을 지나 비난까지 이어지는 것도 어렵지 않다. 신앙적인 대화를 할 때 피드백, 배려 다음으로 지지해야 한다. 교인과의 대화에서만큼은 적극적으로 지지해야 한다. 대화를 통해 지지할 때 아름다운 교회 공동체를 이룩할 수 있다.

신앙생활을 행복하게 할 수 있는 것은 말씀으로 지지를 받기 때문이다. 나를 충분히 알고 이해해 주는 교인의 지지를 받기 때문이다. 이기적인 기도를 할지라도 하나님께서 응답해 주기 때문이다.

교인과 대화할 때는 적극적으로 지지해 주어야 한다. 교인과의 대화에서 지지한다는 것은 경청했다는 것의 다른 표현이다. 다른 교인으로부터 신앙생활과 삶에 지지를 받으면 신앙생활이 즐겁다.

신앙생활이 기쁠 때는 대화 시 지지받을 때이다. 나를 지지해 주는 사람은 다르게 보인다. 그 교인처럼 신앙생활하고 싶어진다.

'스스로 돋보이려는 말은 적을 만들지만, 상대를 돋보이게 하는 말은 내 편을 만든다'는 말이 있다. 교인과 대화할 때 그를 지지를 하면 그 교인은 내 편이 된다.

교인마다 신앙생활하는 모습이 다르다. 각기 다르게 신앙생활을 하지만 지지를 하거나 받으면 유대감이 깊어진다. 류재언은 『대화의 밀도』 이렇게 말한다.

"상대의 존재와 역량에 대한 인정, 서로가 같은 배를 타고 같은 곳을 향해 간다는 강한 유대감, 함께했을 때 더 좋은 결과가 나올 수 있다는 믿음, 그리고 어쩌면 내가 틀릴 수도 있다는 유연한 자세는 유쾌하면서 의미 있는 대화를 만드는 충분한 자양분이 되고, 이런 자양분을 토대로 한 대화를 통해서 상대와 나는 한 발짝 더 성숙해질 수 있는 계기를 얻을 수 있다."

지지의 대화는 신앙생활을 더 성숙하게 만든다. 신앙생활과 관련한 대화에서 지지가 대세가 되면 신앙생활이 즐겁다.

대화의 4단계 인품이다

신앙적인 대화의 마지막 4단계는 품격이다. 대화를 할 때 품격 있는 대화를 해야 한다. 누가 들어도 '왜 저래'라는 생각이 들지 말아야 한다. '나도 저 사람처럼 대화하고 싶다'는 생각이 들 수준의 대화를 해야 한다.

그리스도인의 대화에는 품격이 있어야 한다. 한 사람의 인품은 언어에서 나온다. 언어로 타인의 생각, 감정, 행동을 변화시킬 수 있는 것이 인품이다. 『탈무드』에서는 좋은 품성을 다음과 같이 정의

대화가 인생을 업(Up)시킨다

한다.

> 생각을 조심하게나. 생각은 말의 씨가 된다네.
> 말을 조심하게나. 말은 행동으로 이어진다네.
> 행동을 조심하게나. 행동은 습관이 될 수 있다네.
> 습관을 조심하게나. 습관은 품성을 만든다네.
> 품성을 조심하게나. 품성은 운명을 바꾼다네.

정병태는 고상한 품격을 지닌 사람은 "참 좋다"라는 말을 입에 달고 산다고 『언어의 품격』에서 말한다. 고상한 품격을 가진 사람은 언어에도 예의가 있다. 오수향이 『모든 대화는 심리다』에서 말한 것처럼 "말은 마음을 담는 그릇"이기에 그렇다.

말에 따라서 의식, 생각, 품격이 달라진다. 말은 삶과 신앙생활을 지배한다. 샤르트르는 "나는 내가 말하는 것으로 존재한다"라고 했고, 하이데거는 "언어는 존재의 집이다"라고 했다. 미국의 설교자 앤디 스탠리(Andy Stanley)는 "성품은 말보다 더 크게 말한다"고 한다.

그리스도인의 말속에는 성품이 담겨 있다. 좋은 품성을 가진 사람은 자연스레 품격 있는 말을 한다. 19세기 영국의 시인 바이런(George Gordon Byron)은 "말은 사상이다. 작은 잉크 방울이 안개처럼 생각을 적시면 거기에서 수백, 수천의 생각이 가지를 치고 나온다"라고 말했다.

신앙적인 대화에서 인품이 드러나야 한다. 고상한 인품, 훌륭한 인품, 예수님 닮은 인품이 보여져야 한다. 노구치 사토시는 『50센티 더 가까워지는 선물보다 좋은 말』에서 헤어진 후에 아래와 같은 메시지를 보내면 다음 만남을 기다려진다고 한다.

첫째, 상대의 말을 '통째'로 인용한다.
둘째, 상대방의 말이 어떻게 느껴졌는지,
　　　　내게 어떤 영향을 주었는지 전달한다.
셋째, '그다음 이야기를 꼭 들려주세요'라고 마무리한다.

사람들은 대화에서 닮고 싶은 인품을 발견하면 다음에 또 만나고 싶어 한다.

신앙적인 대화를 해도 그 교인의 인품을 알 수 있다. 말은 혀를 사용해서 한다. 혀는 세 치로 약 10센티미터 정도밖에 되지 않는다. 무게는 67그램에 불과하다. 이 혀가 내뱉는 말에서 인품이 나온다.

그리스도인의 말에는 인품이 담겨 있다. 인품이 좋은 그리스도인이 좋은 신앙 관계를 만든다. 다른 사람과 좋은 신앙 관계를 만들려면 51퍼센트와 49퍼센트의 조합이 필요하다.

신용준은 『괜히 끌리는 사람들, 호감의 법칙 50』에서 관계를 가질 때, "한쪽이 부족한 면이 있어야 한다"며 "다른 사람이 51퍼센트를 말하고 내가 49퍼센트를 듣는 관계가 되어야 한다"고 조언한다. 비록 2퍼센트라는 작은 차이지만 말하는 비율로 그 사람의 인품을 알 수 있다.

인품이 좋은 사람은 사람을 살리는 말을 한다. 생명을 살리는 말을 한다. 반대라면 사람을 죽이는 말을 한다. 사람을 죽이는 악의적인 말을 한다. 사람을 살리는 말은 희망을 주는 말이다. 사람을 죽이는 말은 희망을 꺾는 말이다.

욥기 11장 18절에서 19절엔 이런 말씀이 있다. "네가 희망이 있으므로 안전할 것이며 두루 살펴보고 평안히 쉬리라. 네가 누워도 두렵게 할 자가 없겠고 많은 사람이 네게 은혜를 구하리라."

그리스도인의 신앙생활이 꽃보다 더 아름다운 이유는 깊은 절망 가운데서도 다시 일어설 희망을 버리지 않으리라는 하나님의 말씀을 붙들고 살기 때문이다. 나폴레옹이 전쟁에서 패한 이후에 한 말이 있다. "비장의 무기는 아직 내 손 안에 있다. 그것은 바로 희망이다."

말로 희망을 줄 수 있어야 한다. 세상에 희망을 줄 수 있는 인품을 소유한 사람이 바로 그리스도인이다.

'spero spera!'(스페로 스페라)라는 말이 있다. 그 뜻은 '나는 희망한다. 너도 희망하라'이다. 이 말에는 '숨을 쉬는 한 희망은 있으

며 아무리 힘들어도 결코 희망의 끈을 놓아서는 안 된다'라는 의미
가 있다.

'희망'이라는 단어는 얼핏 평범한 상투어인 듯하다. 그러나 이 말
을 좋아하는 진짜 이유는 따로 있다. '희망'은 기어코 귀환(return)
하기 때문이다. 나의 삶이 처절한 환경일지라도, 눈앞이 칠흑이어
도, 절망적일지라도 희망은 어김없이 다시 돌아온다. 신앙적인 인
품을 가진 사람은 세상에 희망을 품는 대화를 한다.

에필로그

성인 듣기를 하자

삶, 신앙생활에서 대화가 중요하다. 적어도 평범한 대화는 할 수 있어야 한다. 하지만 평범한 대화도 어렵다. 대화가 어려운 이유는 대화가 말이 아니라 감정을 주고받는 것이기 때문이다.

우리는 성인의 듣기를 해야 한다. 대화는 감정을 주고받는다. 우리는 대화를 할 때, 그 중요성을 깨닫고 진심으로 해야 한다. 류재언은 『대화의 밀도』에서 대화의 중요성을 이렇게 말한다. "좋은 대화는 잊을 수 없고, 나쁜 대화는 견딜 수 없다."

감정이 담긴 대화가 좋은 대화이다. 좋은 대화는 잊혀지지 않는다.

성인에게 필요한 것은 말하기가 아니라 듣기다. 대화를 하려면,

대화가 인생을 업(Up)시킨다

남의 말을 잘 들을 줄 알아야 한다. 많은 사람은 듣는 것에 자신 있다고 한다. 그러나 정작 대화해 보면 듣기가 서툰 것을 알 수 있다. 노구치 사토시는 『단 7초 만에 상대를 사로잡는 대화의 기술』에서 "듣기에 자신 있다고 하는 사람은 백 퍼센트 듣기에 서툴다"라고 서술한다. 듣기의 어려움을 우회적으로 표현한 것이다. 그는 듣기를 통해 단 7초 만에 상대를 사로잡을 수 있어야 한다고 조언한다. 7초 만에 상대를 사로잡는 사람이 얼마나 있겠는가? 7초 만에 상대를 사로잡기 어려우니 대화가 어렵다.

인간관계가 어려운 것은 '성인의 듣기'를 못하기 때문이다. 노구치 사토시는 듣기를 잘하면 인간관계는 생각보다 훨씬 더 원만해지고, 좋은 일도 많이 생긴다고 한다. 그리고 들어주면 말한 사람이 헌신까지 한단다.

"대화를 통해 상대방을 깊이 이해하려고 생각하는 사람은 거의 없다. 처음에는 상대방의 말을 이해하며 들으려고 해도 자신의 생각이 떠오르면 상대방의 말을 끊기 일쑤다. 그러나 사람은 누구나 자신의 이야기를 들어주었으면 한다. 그리고 자신의 마음을 이해해 줬으면 한다. 만약 우리가 듣는 힘을 키워서 그것을 제대로 사용한다면, 사람들은 우리에게 호감을 갖고 우리를 위해 헌신할 것이다. 그리고 인간관계는 생각보다 훨씬 더 원만해지고, 좋은 일도 많이 생길 것이다."

대화를 할 때 감정적으로 말하지 말고 감정 듣기인 성인의 듣기를 해야 한다. 대화가 끝난 후 행복하다고 말하는 감정 듣기를 해야 한다. 감정 듣기를 하면 기억과 마음속에서 잊히지 않는다.

목회자에게 있어 심방이 차지하는 위치가 크다. 심방이 효과가 있는 이유는 두 가지이다. 하나는 하나님의 말씀으로 대화를 하기 때문이다. 다른 하나는 교인과의 대화를 통해 감정을 담아 진심으로 들을 수 있기에 그렇다.

목회자는 교인과 대화할 때, 정보보다 상대방의 감정에 집중하는 성인의 듣기를 해야 한다. 교인, 세상 사람과 대화할 때 화자의 감정에 집중해야 한다. "어떻게 해?", "마음이 아프지?", "너무 충격이었겠다" 등 공감해 주는 말이 오고 가야 한다. 그런 대화가 끝나면 교인의 표정은 훨씬 밝아진다. 이후 교인은 자기 말에 공감해 준 목회자에게 커다란 친밀감과 신뢰감을 느낀다.

대화하는 사람에게 관심을 갖자

성인의 듣기는 화자에게 관심을 갖는 것이다. 목회자, 교인은 화자에게 관심을 가져야 한다. 그럴 때 화자의 마음에 집중하며 대화할 수 있다.

목회자가 교인과의 대화에 흥미가 없을지라도 마음으로 관심

대화가 인생을 업(Up)시킨다

을 가지면 교인은 하지 않으려 했던 말까지 한다. 교회에서의 대화는 '꾸나, 겠지, 감사' 등으로 감탄사를 내뱉어야 한다. 대화에서 "와 정말!", "진짜야!", "우아"라는 말을 건네는 것은 화자에게 관심 있다는 것을 보여준다.

대화 도중 종종 질문하기도 한다. 질문은 대화의 흐름을 끊기도 한다. 이에 바로 질문하기보다는 기다렸다가 대화가 마무리 단계에 들어간 뒤 질문하는 것이 진정으로 듣는 힘을 가진 것이다.

대화를 할 때, 그 내용에도 공감해야 한다. 사람에게 관심을 가지면 대화 내용에 집중한다. 아무튼 대화할 때 대화하는 사람에게 집중해야 한다. 사람에게 집중하면 대화의 폭이 넓어진다. 대화가 진솔하게 흘러간다. 대화를 통해 친밀감이 상승한다.

노구치 사토시는 『단 7초 만에 상대를 사로잡는 대화의 기술』에서 "요즘 어때?"는 난감한 질문이라고 말한다. "요즘 어때?"는 사람에게 관심을 갖는 질문처럼 보이지만 실상은 그렇지 않다. 대화거리를 찾는 것일 뿐이다.

대화하는 사람에게 관심을 표하려면 이렇게 대화를 시작하는 게 좋다.

"뭘 타고 오셨어요?"

그럼 상대는 이렇게 말할 것이다.

"저는 항상 지하철로 고생을 해서 조금 멀어도 버스를 타요!"

이처럼 사람에게 관심을 가지면 서로를 잘 몰라도 이야기는 자연스럽게 이어진다.

"모닝커피 하셨어요? 커피 한 잔 사 오려는데, 하나 드실래요?"라는 말에 감동하지 않을 사람은 없다. 서로가 낯선 일터, 처음 만난 사람일수록 사람에게 관심을 가져야 한다.

어떤 분과 점심을 먹으러 식당에 갔다. 숟가락을 놓는 종이 깔개에 내 이름이 눈에 띄는 것이 아닌가? '저희 식당을 찾아주신 김인해 님께 감사드립니다.'

사람에게 관심을 가지면 깜짝 놀란다. 사람에게 관심 갖는 대화가 우리가 해야 할 대화이다.

대화의 마무리는 유쾌해야 한다

대화하는 목적은 유쾌함을 맛보기 위해서이다. 대화가 짜증 나면 대화하지 않는 것이 낫다. 유쾌한 대화는 대화하는 사람이 누구냐가 결정한다. 사람은 누구나 자신을 너그럽게 받아주는 사람 옆에 있고 싶어 한다. 유쾌하게 만들어 주는 사람, 배려로 대하는 사람, 칭찬의 말 한마디를 건네는 사람, 공감하는 사람 등 주변을 환하게 만드는 사람 말이다. 이런 사람의 가치는 무한대다.

어떤 사람은 등장만으로 분위기를 어둡게 만든다. 어떤 사람은

대화가 인생을 업(Up)시킨다

등장만으로도 분위기를 밝힌다. 또 어떤 사람은 이야기도 나누기 전에 느낌이 좋다.

대화를 할 때, 주변 사람들에게 나는 과연 어떤 존재일지 스스로에게 물어야 한다. 다른 사람이 원하는 사람은 대화를 유쾌하게 만드는 사람이다. 대화를 유쾌하게 해 주변을 환하게 만드는 사람이다. 주변을 환하게 만드는 사람은 대화 마무리도 유쾌하다. 대화 마무리가 유쾌하지 않는 것은 'NO'라는 말이나, 'BUT'이라는 말로 되받아치기에 그렇다.

글로벌 기업 구글에는 사원들끼리 대화할 때에 규칙이 있다. 상대방이 이야기할 때 'NO'라는 말이나, 'BUT'이라는 말로 되받아치지 않는 것이 철칙이다. 'NO'와 'BUT'이라는 단어가 대화 포비아를 조성해서 누군가를 위축시키기 때문이다. 그렇게 되면 대화 자체가 줄어들어 소통이 단절되기에 조직 내부적으로 'NO'와 'BUT'을 쓰지 않기로 약속한 것이다. 대신 상대의 이야기를 일단 'YES'와 'AND'로 받아 주고, 그다음 자연스럽게 자신의 의견을 이어 간다.

그리스도인은 교회에서의 대화가 신앙적이어야 한다. 교리적이기보다는 성경을 중심으로 해야 한다. 교리적인 대화는 대화의 충돌을 야기하는 경우가 많다. 성경으로 하면 은혜로운 대화, 유쾌한 대화가 된다.

대화가 인생을 UP(업)시킨다

지은이　김인해

발행일　초판 1쇄 발행 2024년 8월 23일
발행인　김도인
펴낸곳　글과길

출판사　등록 제2020-000078호[2020.5.29.]
　　　　　서울특별시 송파구 삼학사로 19길 5 3층
　　　　　wordroad29@naver.com
편집　　오현정
디자인　안영미
공급처　하늘유통
　　　　　경기도 파주시 광탄면 분수리 350-3
　　　　　전화 031—947-7777
　　　　　팩스 0505-365-0691
　　　　　©2024, Kim Do In allrights reserved
ISBN　　979-11-988511-0-9　03190
값　　　15,000원